Deutschbuch 8

Förderheft

Texte lesen und verstehen
Inhalte zusammenfassen
Hintergrundbericht schreiben
Reportage verfassen
Rechtschreiben trainieren

Herausgegeben von
Cordula Grunow,
Bernd Schurf und
Andrea Wagener

Erarbeitet von
Agnes Fulde,
Margarethe Leonis und
Mechthild Stüber

Cornelsen

Inhalt

Einführung

Vertrag 3

LESEN – UMGANG MIT TEXTEN

LESEVERSTÄNDNIS

Sachtexte lesen und verstehen 4

Voll im Trend – Sport mit Thrill 4

Erzähltexte lesen und verstehen 14

Narinder Dhami: Kick it like Beckham 14

SPRECHEN UND SCHREIBEN

SCHREIBEN

Sachlich informieren – Einen Hintergrundbericht schreiben 24

Informationen sammeln und auswerten – Aus Afrika ins Abseits 24

Eine Reportage schreiben 30

Informationen sammeln und auswerten – Drahtseilakt im Ruhrgebiet 30

Argumentieren – schriftlich Stellung nehmen 36

Informationen sammeln und verarbeiten – Leistungssport für Jugendliche, ja oder nein? 36

Argumente ordnen und gliedern 38

Schriftlich Stellung nehmen 39

Die eigene Argumentation prüfen/überarbeiten 43

NACHDENKEN ÜBER SPRACHE

RECHTSCHREIBUNG

Die Rechtschreib-Strategien: wiederholen und anwenden 44

Strategiewissen: Verlängern 46

Strategiewissen: Zerlegen 46

Strategiewissen: Die Silbenstruktur der Wörter erarbeiten 47

Mit Strategien Regeln finden: Wörter genau untersuchen 48

Besondere doppelte Konsonanten: ck und tz 50

Die s-Laute 51

Wann schreibt man i und wann ie? 54

Merkwörter mit langem i 56

Wörter mit h 57

Nomen und Namen großschreiben 59

Tageszeiten und Wochentage – Wann schreibt man sie groß? 61

Dass oder das? – Den Satzbau prüfen 62

Teste dein Wissen 63

Mit dem beigefügten Lösungsheft kannst du deine Antworten zu den Aufgaben selbst überprüfen.

Dem Heft liegt ein Bogen mit Aufklebern bei. Für jede richtig gelöste Aufgabe kannst du  *ins Heft kleben.*

Vertrag

Vertragsgegenstand

1. Dieses Förderheft vermittelt dir wichtige Kenntnisse, die helfen, Klassenarbeiten und Hausaufgaben im Fach Deutsch in Zukunft mit besserem Ergebnis zu erledigen.
   Im Einzelnen sind dies folgende Kenntnisse:
   - [ ] **Sachtexte** lesen, verstehen und die Aufgaben dazu lösen,
   - [ ] **Erzähltexte** lesen, verstehen und die Aufgaben dazu lösen,
   - [ ] **sachlich informierende Texte** (Hintergrundbericht, Reportage) schreiben und überarbeiten,
   - [ ] **Argumentationen** (Stellungnahmen) erarbeiten, überzeugend schreiben und überarbeiten,
   - [ ] wichtige Strategien bei der **Rechtschreibung** anwenden: .

2. Du verpflichtest dich, in Absprache mit den Eltern und/oder der Deutschlehrerin/dem Deutschlehrer Kapitel dieses Heftes auszuwahlen, die du sorgfältig durcharbeiten wirst.
   Die ausgewählten Kapitel werden oben angekreuzt.
   Du wirst alle Aufgaben der ausgewählten Kapitel ohne Ausnahme durcharbeiten.
   Du sicherst zu, jede Aufgabe selbst mit der Lösung abzugleichen.
   Sobald dies geschehen ist, wirst du einen -Aufkleber vom beiliegenden Blatt neben die erledigte Aufgabe kleben. Dann weißt du, dass diese Aufgabe schon geschafft ist.

____
Ort, Datum

____
Name

Sachtexte lesen und verstehen

Voll im Trend – Sport mit Thrill

Parkour ist eine Sportart. Die Sportlerinnen und Sportler nennen sich „Traceur“ (traßör gesprochen, französisch für „der den Weg ebnet“ oder „der eine Spur legt“). Ihr Ziel ist es, den kürzesten Weg von A zum selbst gewählten Ziel B zu nehmen und dabei alle Hindernisse zu überwinden. Parkour kann überall ausgeübt werden, in der Natur, aber auch in der Stadt. In der Stadt werden Pfützen, Papierkörbe, Bänke, Blumenbeete und Mülltonnen ebenso wie Bauzäune, Mauern, Litfaß-Säulen, Garagen oder auch Hochhäuser überklettert und Hochhaus-Schluchten übersprungen. Es geht darum, mit dem vorhandenen Umfeld zurechtzukommen – die Hindernisse dürfen keinesfalls verändert werden.

Gegründet hat diese Sportart der Franzose David Belle gegen Ende der 1980er-Jahre. Laut Eigendefinition verbindet Parkour Bewegungskunst und Technik und schließt auch einige philosophische Überlegungen ein. Der Sport wird als Kunst verstanden. Er ist nicht auf Showeffekte ausgerichtet, sondern auf „elegante, effiziente, geschmeidige, flüssige Bewegungen“. Inzwischen gibt es jedoch auch Traceure, die Parkour als Akrobatik oder Stuntkunst betreiben.

Der James-Bond-Film „Casino Royale“ (2006) machte Parkour einem größeren Publikum bekannt: Er zeigt eine spannende Verfolgungsjagd über mehrere Baukräne hinweg, für die der Hauptdarsteller, Daniel Craig, intensiv trainieren musste.

1 *a) Lies die Beschreibung aus einem Internetlexikon und markiere wichtige Informationen.*
b) Trage die richtigen Bezeichnungen in die Sätze ein.

Die Sportart heißt ______________________. Ein Sportler oder eine Sportlerin wird ______________________ genannt. Das oberste Ziel ist es, auf kürzestem Weg ______________________ zu überwinden.

2 *a) Überfliege den folgenden Zeitungsartikel.*
b) Schreibe in einem Satz auf: Worum geht es im Text?

Die Reportage berichtet über ______________________

____

Höher, schneller, weiter

von Ricarda Schuller

Stuttgart. Frühsommer, Sonnenstrahlen kitzeln die Haut. Die grauen Pflastersteine vor den Hochhäusern der Stuttgarter Universität, auf denen Pascal mit bloßen Händen einen Liegestütz nach dem anderen macht, sind knallheiß. Fünfzig Strafliegestütze. Pascal hat einen Sprung verpatzt, ist statt auf dem Bordstein auf der Blumenerde gelandet. „Es gehört zu unserem Kodex, nichts kaputt zu machen“, sagt er. Deshalb die Liegestütze.

Regeln (Gesetze)

Der 20-Jährige steht auf und beobachtet das Geschehen um sich herum. Drei Meter von Pascal entfernt trainieren ein paar Anfänger die Grundlagen. Sie springen über Blumenbeete, klettern keuchend Mauern hoch oder hüpfen in der Hocke über niedrige Laternenpfosten. Jedes Hindernis, das man normalerweise umgeht, ist für die Sportler ein Trainingsgerät.

Parkour ist der Trendsport des Jahres. „Wir erleben derzeit einen unglaublichen Boom“, erzählt Pascal. „An unseren Workshops nehmen bis zu 70 Jugendliche teil." Die Trainingsgemeinschaft „Parkour Stuttgart" wurde 2004 gegründet. Mittlerweile besteht sie aus rund 20 Traceuren, wie die Parkourläufer sich selbst nennen. Die Jungs haben sich auf drei Grundsätze geeinigt: Man muss als Trainer eine gewisse Reife mitbringen, darf nicht nur nach dem schnellen Kick suchen und muss verantwortungsbewusst mit sich und seiner Umwelt umgehen. Und noch eines: „Man muss den Spirit fühlen", sagt Pascal, dessen Nachname unwichtig ist, weil die Traceure nur mit ihren Vornamen angesprochen werden wollen.

Josip und Boris trainieren auf dem Platz vor dem bodenständig-schwäbischen „Kopierlädle". Ein Graffiti an der Wand droht: „Sie werden noch von uns hören." Boris rennt im Kreis, klettert sekundenschnell die drei Meter hohe Mauer hoch, springt die Treppe hinunter und über das Geländer. Immer und immer wieder. Und wozu das Ganze? „Bei Parkour merkt man, dass man lebendig ist", sagt Josip, während er seinen Freund beobachtet. „Wenn eine Übung klappt, auf die man lange hingearbeitet hat, bekommt man ein richtiges Glücksgefühl."

Vor der Kür wartet die Pflicht. Zunächst müssen Kraft und Ausdauer trainiert werden. Das heißt unter anderem: bis zu 200 Liegestütze täglich. Das Ziel: irgendwann so gut sein wie David Belle. Der französische Schauspieler gilt als Begründer dieser Fortbewegungskunst. „David bewegt sich wie ein Tier durch die Stadt", sagt Josip. „Wie ein Superheld springt er von Haus zu Haus." Die meisten Anfänger wurden durch Ghettofilme auf den Trendsport aufmerksam. Jede Grenze überschreiten, jede Hürde überwinden – davon träumen Traceure. Doch auch nach fast vier Jahren Training bleibt das für Josip ein Traum. „Vielleicht würde ich neun von zehn Sprüngen zwischen zwei Dächern schaffen", sagt er. „Aber das ist einer zu wenig." Einige der Jungs können mit ihrem Sport inzwischen auch etwas Geld verdienen. Sie zeigen ihr Können deutschlandweit in Shows. Wettbewerbe gibt es nicht, denn das widerspräche der Grundidee von Parkour, dass sich jeder seine Herausforderungen selbst sucht. „Bevor wir auf Matten springen, springen wir lieber gar nicht", sagt Boris.

Dino, hauptberuflich Physiotherapeut, ist einer der besten Traceure in Deutschland. Neben richtigen Stars hat er in dem amerikanischen Film „Babylon A.D." mitgewirkt. An der Seite von David Belle entführt er in dem Science-Fiction-Streifen eine Frau. „Ich bin höchstens eine Minute zu sehen", sagt Dino. Pascal trifft ein, grinsend rennt er die Treppen hoch. Die Jungs begrüßen sich mit Handschlag, stoßen mit den Schultern aneinander. Männergebaren. Keine Zeit für lange Reden, die Traceure wollen Stuttgart erobern – auf der Suche nach „neuen Spots", wie sie neudeutsch sagen. Die gesamte Innenstadt soll heute ihr Spielplatz sein. „Manchmal sind wir wie Kinder", sagt Dino. „Dann klettern wir stundenlang auf alle möglichen Sachen. Die meisten Leute trauen sich das nicht, weil sie denken, sie seien dafür zu erwachsen."

Die Neue Staatsgalerie bietet genügend Raum zum Austoben. Ein Geländer mutiert zum Trainingsgerät, daneben tut sich ein vier Meter tiefer Abgrund auf. Dino bringt seinen muskulösen Körper in Position, kerzengerade steht er zunächst da, macht dann einen Handstand, der ihm die volle Punktzahl der Wertungsrichter einbringen würde – die es bei Parkour jedoch nicht gibt, da jegliche Art von normiertem Konkurrenzkampf verpönt ist. „Handstände mache ich täglich dreißigmal", sagt Dino. „Die sind für mich schon eine Art von Meditation."

Parkour versteht sich als eine Disziplin, die Sport mit philosophischen Elementen paart. „Seit ich trainiere, habe ich zu mir selbst gefunden", sagt Dino. „Ich weiß jetzt, wo meine Schwächen liegen. Ich höre auf meinen Körper. Wenn ich bei Parkour die Balance nicht halten kann, dann weiß ich, dass ich auch seelisch nicht im Gleichgewicht bin." Pascal trainiert seit fünf Jahren fast täglich. Das Training hat nicht nur seinen Körper geformt, sondern auch sein Leben verändert. Trinken, Rauchen und Ballerspiele am PC sind nun für ihn tabu. Seine Höhenangst hat er überwunden. „Ich weiß jetzt, dass mit hartem Training alles möglich ist." Und die Gefahr? „Wenn man einen Sprung nicht fühlt, macht man ihn auch nicht."

www.stuttgarter-zeitung.de, 1.7.2009

3 *Was ist das Thema des Textes? Kreuze die richtige Antwort an.*

A ☐ Werbung für die Trainingsgemeinschaft Parkour B ☐ Reportage über den Trendsport Parkour

C ☐ Informationen über die Grundsätze des Sports D ☐ Beschreibung von Übungen für Anfänger

4 *Lies den Text ein zweites Mal aufmerksam.*
a) Kläre die Bedeutung dir unbekannter Wörter: Unterstreiche sie im Text blau.
b) Erschließe ihre Bedeutung aus dem Zusammenhang oder schlage sie in einem Wörterbuch nach. Notiere die Bedeutung in der Randspalte neben dem Text auf Seite 4 bis 5.

5 *Hast du genau genug gelesen? Kreuze für jede Aussage an, ob sie richtig oder falsch ist.*

		richtig	falsch
A	Ein Grundsatz der Trainingsgemeinschaft ist die Suche nach dem schnellen „Kick“.	☐	☐
B	Kraft und Ausdauer werden trainiert, zum Beispiel durch Liegestütze.	☐	☐
C	Traceure wollen sich im Wettbewerb mit anderen messen.	☐	☐
D	Das Überspringen von Blumenbeeten ist eine Trainingsübung.	☐	☐
E	Bestimmte Bewegungsfolgen werden immer wieder geübt.	☐	☐

Manchmal sind Sätze verkürzt oder bestehen nur aus einem Wort.
Solche unvollständigen Sätze nennt man **Ellipsen**.
Ihre Bedeutung erklärt sich aus dem Zusammenhang des Textes:
Lies den Absatz vor der Ellipse.

TEXT Knacker

6 *Schreibe die inhaltliche Bedeutung der folgenden Ellipsen mit eigenen Worten auf.*

A Deshalb die Liegestütze. (Zeile 11) ____________________

____

B Immer und immer wieder. (Zeile 46) ____________________

____

C Männergebaren. (Zeile 90 f.) ____________________

____

Dass-Sätze geben wieder, was eine Person sagt, meint, wünscht oder hofft.
Der Inhalt des Gesagten kann durch „Was?“ oder „Wen?“ erfragt werden.
„Bei Parkour merkt man, dass man lebendig ist“, sagt Josip ...
Was merkt Josip beim Parkour? Er merkt, dass er lebendig ist.

TEXT Knacker

7 *Unterstreiche die drei weiteren dass-Sätze im Text grün.*
Gib die Zeilen an und notiere für jeden Satz mit eigenen Worten den Inhalt des Gesagten.

A (Zeile ____): ____________________

B (Zeile ____): ____________________

C (Zeile ____): ____________________

Textknacker für lange Sätze
Unterteile lange Sätze in **Sinneinheiten**. Eine erste Hilfe geben dir die Kommas.
Fasse den Sinn eines jeden Abschnitts zusammen.
Mache dir klar, wie die Informationen zusammenhängen.

8 *Hier sind einige W-Fragen vorgegeben.*
a) Im Text auf Seite 4 bis 5 sind Schlüsselwörter rot markiert, die auf die Frage „Was?"antworten. Schau sie dir an und beantworte die Frage mit eigenen Worten.

Was ist das Thema? ______________________________

b) Wähle weitere Farben und markiere Schlüsselwörter, die dir helfen, die folgenden Fragen zu beantworten.
c) Beantworte die Fragen stichwortartig mit eigenen Worten.

Wer steht im Mittelpunkt des Textes? ______________________________

Wo wird die Sportart ausgeübt? ______________________________

____

Warum entscheiden sich junge Menschen für diese Sportart? ______________________________

____

____

Zwischenüberschriften geben dir einen Überblick über den Text.

9 *Der Text lässt sich in drei Sinnabschnitte unterteilen. Gib den Sinnabschnitten Zwischenüberschriften.*

1. Sinnabschnitt (Zeile ________): ______________________________

2. Sinnabschnitt (Zeile ________): ______________________________

3. Sinnabschnitt (Zeile ________): ______________________________

10 *Fasse den Inhalt des Textes auf Seite 4 bis 5 zusammen. Übernimm den folgenden Einleitungssatz und setze die Inhaltszusammenfassung in deinem Heft fort. Beachte die Checkliste.*

In der Reportage mit dem Titel „Höher, schneller, weiter", erschienen am 13. 4. 2010 in der Onlineausgabe der Stuttgarter Zeitung, stellt Ricarda Schuller die neue Trendsportart „Parkour" vor ...

✓ Checkliste: Inhalte zusammenfassen

- ☐ Nenne in der **Einleitung** Titel, Textsorte, Autor/in, Erscheinungsort/-datum und das Thema des Textes.
- ☐ Fasse im **Hauptteil** knapp und mit eigenen Worten die wichtigsten Informationen zusammen. Orientiere dich dabei an den Sinnabschnitten.
- ☐ **Schreibe sachlich** und verzichte auf Meinungsäußerungen.
- ☐ Gib wörtliche Rede und Zitate in **indirekter Rede** wieder (siehe Seite 10).
- ☐ Verwende das **Präsens.**

11 *a) Überfliege das folgende Interview.*
b) Worum geht es im Text? Ergänze den Satz.

In einem Interview berichtet Lola über ihr Hobby, das Parkourlaufen. Sie erzählt, wie sie diese Sportart entdeckt hat, und gibt Interessierten Tipps, zum Beispiel

Ein Trendsport nur für Männer?
Interview mit einer Parkourläuferin

Lola, eine 17-jährige Berlinerin, ist begeisterte Parkourläuferin.
Florian und Judith haben sie interviewt.

J. u. F.: *Es ist schön, dass du für uns Zeit gefunden hast. Wir recherchieren zum Thema „Parkourlaufen als Trendsport" und freuen uns auf deine Informationen. Zuerst interessiert uns, warum du dich für diesen Sport entschieden hast, denn uns ist aufgefallen, dass es unter den Traceuren überwiegend Männer gibt.*

Lola: Das scheint nur so, auch Frauen üben diesen Sport aus. Ich habe zum Beispiel immer schon Aktivitäten gemocht, bei denen ich meinen Körper fordern musste. Es war nie mein Ding, vor dem Spiegel zu sitzen und mich schön zu machen. Ich wollte immer meine Kräfte ausprobieren und meine Muskeln trainieren. Dabei wollte ich aber auf keinen Fall mit Maschinen in einem Fitnessstudio arbeiten. Eine Freundin, mit der ich mich regelmäßig zum Ausdauertraining treffe, hat mich vor drei Jahren auf einen Workshop, der von der Trainingsgemeinschaft angeboten wurde und in dem ich die ersten Grundlagen kennen gelernt habe, aufmerksam gemacht. Das hat mich so begeistert, dass ich diesem Sport treu geblieben bin.

Lolas Gründe für Parkour

J. u. F.: *Wie sieht euer Training aus?*

Lola: Na ja, wir treffen uns zu mehreren regelmäßig, um uns zu verbessern und um uns gegenseitig zu motivieren. Ein Training im herkömmlichen Sinne ist das aber nicht. Wir üben ja nun auch nicht für Wettkämpfe, sondern suchen uns selbst neue Herausforderungen. Das macht es in meinen Augen auch kreativer. Natürlich steht aber auch das regelmäßige Üben auf dem Programm, denn ansonsten könnten wir uns nicht weiterentwickeln.

J. u. F.: *Wo findet euer Training statt?*

Lola: Das Tolle ist, dass wir überall trainieren können. Wir brauchen keine Sporthalle, denn die Stadt mit ihren Hindernissen ist unser Trainingsplatz. Mauern, Treppen, Zäune, Bänke oder auch Geländer gilt es zu überwinden. Das ist ja das Spannende, denn es kommen immer neue Hindernisse, die wir als solche entdecken, hinzu. Es ist auch immer wieder schön, wenn Passantinnen und Passanten zuschauen und uns anfeuern. Da dieser Sport in der Öffentlichkeit sichtbar ist, bekommen wir sofort positive und auch negative Reaktionen mit.

J. u. F.: *Das hört sich interessant an. Für wen ist der Sport empfehlenswert und welche Voraussetzungen benötigen Interessierte?*

Lola: Ich kann Parkourlaufen allen empfehlen, die Lust an der Bewegung und an neuen Herausforderungen haben. Natürlich gehört auch Durchhaltevermögen dazu. Regelmäßiges Training ist unumgänglich, aber das ist ja bei jedem Sport so. Die Freude, den eigenen Körper zu beherrschen und die eigenen Grenzen zu erfahren, ist schwer in Worte zu fassen. Kraft und natürlich Ausdauer müssen alle, die sich für diesen Sport interessieren, mitbringen. Ich empfehle Interessierten immer, sich zu einem Work-

shop anzumelden. Hier erfahren sie das Wichtigste und sie werden sehr schnell feststellen, ob dieser Sport wirklich für sie geeignet ist. Keinesfalls sollte man ohne Erfahrung und ohne Kondition einfach loslegen. Das könnte sonst böse enden.
J. u. F.: *Inwiefern hat der Sport dein Leben beeinflusst bzw. verändert?*
Lola: Na ja, da ich seit drei Jahren täglich trainiere, hat sich mein Leben natürlich sehr verändert. Rauchen ist nicht mehr drin. Gesunde Ernährung ist ein Muss. Während ich früher öfter am PC oder vorm Fernseher gesessen habe, gehe ich jetzt zum „Training". Hier treffe ich Gleichgesinnte und wir haben viel Spaß miteinander. Langeweile kenne ich nicht mehr.
J. u. F.: *Uns würde abschließend noch interessieren, seit wann es diesen Sport gibt und wer ihn ins Leben gerufen hat.*
Lola: Ich weiß nur, dass der französische Schauspieler David Belle als Begründer gilt. Er soll die Sportart entwickelt haben, wahrscheinlich in den Anfängen der 1980er-Jahre.
J. u. F.: *Wir danken dir ganz herzlich für das Gespräch. Vielleicht treffen wir dich ja mal in der Stadt beim Training.*

Mein Tipp:
Immer nur einzelne Wörter unterstreichen!

12 *Lies ein zweites Mal und kläre die Bedeutung unbekannter Wörter. Notiere diese in deinem Heft.*

Traceuren (Zeile 7) = Menschen, die Parkour laufen (siehe Seite 4); ...

Lange, verschachtelte Sätze versteht man oft nicht auf Anhieb.
So sorgst du für Übersichtlichkeit:
- Teile den Satz in Sinnabschnitte.
- Unterstreiche den Hauptsatz.
- Umkreise die Zusatzinformationen, die die Nebensätze geben.

Meine Freundin, | die ich vor einigen Jahren kennen gelernt habe, | hat sich für die Sportart Parkourlaufen entschieden.

13 *Entschlüssele diesen Satz wie im Kasten vorgegeben.*

Eine Freundin, mit der ich mich regelmäßig zum Ausdauertraining treffe, hat mich vor drei Jahren auf einen Workshop, der von der Trainingsgemeinschaft angeboten wurde und in dem ich die ersten Grundlagen kennen gelernt habe, aufmerksam gemacht.

14 *Markiere im Satz zu Aufgabe 13 alle Relativsätze.*

Nomen können durch **Relativsätze** näher erklärt werden. Relativsätze werden durch Relativpronomen (zum Beispiel: *der, die, das, was, welcher* usw.) eingeleitet. Vor dem **Relativpronomen** kann eine **Präposition** (zum Beispiel *in, auf, mit* usw.) stehen. Wenn du den Inhalt nicht verstehst, suche das Nomen, auf das sich der Relativsatz bezieht **(Bezugswort).**

Zeichne Pfeile zwischen dem Relativpronomen und dem Nomen ein, auf das es sich bezieht. Das Beispiel zeigt dir wie.

Eine Freundin, mit der ich mich regelmäßig zum Ausdauertraining treffe, ...

15 *Ein Interview wird durch Fragen gegliedert.*
a) Unterstreiche, wie für den ersten Absatz beispielhaft vorgegeben, die Fragepronomen in den Fragen von Judith und Florian.
b) Markiere Schlüsselwörter, die die Antworten auf diese Fragen zusammenfassen.
c) Beantworte die Fragen im Heft stichwortartig mit eigenen Worten.

Warum? Körper und Kräfte ausprobieren, Muskeltraining, kein Maschinensport, Workshop weckte Interesse

16 *Ordne die folgenden Zwischenüberschriften zu.*
Notiere sie inhaltlich passend neben den Absätzen in der Randspalte.

Trainingsinhalte	Trainingsorte	Folgen für den Sportler/die Sportlerin
Voraussetzungen für den Sport	Geschichte der Sportart	~~Lolas Gründe für Parkour~~

17 *Fasse geordnet und stichwortartig die Informationen zusammen, die die Texte auf Seite 4 bis 5 und 8 bis 9 geben.*
Verwende dazu die folgende Übersicht und achte auf die Gliederung, die sie vorgibt.

Mein Tipp:
Wenn du nicht allen Stichworten Informationen zuordnen kannst, lies die Texte noch einmal.

Geschichte: ______

Sportart: ______

Voraussetzungen: ______

Trainingsinhalte: ______

Trainingsorte: ______

Besonderheiten: ______

Auswirkungen: ______

18 *Du sollst in der Schülerzeitung über die Trendsportart „Parkour" informieren.*
Schreibe einen zusammenhängenden Text, der alle Informationen wiedergibt.
Orientiere dich dabei an deiner Übersicht.
Binde die Erfahrungsberichte der Personen ein, indem du ihre Äußerungen indirekt wiedergibst.
Beachte dazu die Hinweise zu den „Formen der Redewiedergabe" (siehe Kasten). Schreibe ins Heft.

Formen der Redewiedergabe
Äußerungen Dritter können auf verschiedene Weise wiedergegeben werden.
In einem einleitenden Hauptsatz wird mitgeteilt, wer die Aussage getroffen hat:

Direkte Wiedergabe (wörtliche Rede):
- Direkte Rede: *Lola betont: „Ich liebe das Parkourlaufen."*
- Direkte Frage: *Florian fragt Lola: „Hast du schon immer Sport gemacht?"*

Weitere Formen der Redewiedergabe:
- Indirekte Rede: *Lola betont, sie liebe das Parkourlaufen.* (Konjunktiv I)
- Indirekte Frage: *Florian fragt Lola, ob sie schon früher Sport gemacht habe.* (Konjunktiv I)
- *dass*-Satz mit Konjunktiv I: *Lola teilt mit, dass sie Trainingsmöglichkeiten suche.*
- *dass*-Satz mit Indikativ: *Florian erfährt, dass Lola schon immer Sport gemacht hat.*

19 *Überfliege den folgenden Text.*

Kitesurfen: Waghalsige Sprünge und Schnelligkeit

Auf einem kleinen Brett, das ca. 1,40 Meter lang ist und einem Snowboard oder Surfbrett ähnelt, lässt sich der Kiter oder die Kiterin von einem speziellen Lenkdrachen über das Wasser ziehen. „Kite" ist das englische Wort für „Lenkdrachen". Durch die Kraft des Drachens kommt das Brett so richtig in Fahrt und es lassen sich bei gutem Wind enorme Sprünge absolvieren. Zum Teil wird sogar eher geflogen als auf dem Wasser geglitten. Zehn Meter weite Sprünge sind keine Seltenheit und im Gegensatz zum Surfen sieht das Kiten auch schon bei wenig Wind spektakulär aus – sofern die Kiterin oder der Kiter weiß, wie mit dem Drachen, dem Wind, dem Wasser und dem Brett umzugehen ist. Wie so oft gibt es auch hier nicht nur eine Person, die das Kitesurfen erfunden hat. Mitte der 1980er-Jahre bastelte Cory Roeseker, ein Amerikaner, an der Idee. Er setzte Wasserski und einen gerahmten Drachen ein. Auch in Frankreich wurde herumexperimentiert und immer mehr Firmen, die Drachen herstellten, versuchten sich an wassertauglichen, strapazierfähigen Materialien. Viele Surfer und Surferinnen nahmen die neue Herausforderung gern an, sodass auch in Deutschland viele auf das Kitesurfen umgestiegen sind. Auf Seen und auf dem Meer können sie seither bewundert werden, selbst im Winter. Vor der Kälte schützen sich die Kiterinnen und Kiter mit einem Neoprenanzug. Kitesurfen ist eine Sportart, bei der sowohl das Material als auch die Techniken, Figuren und sportlichen Herausforderungen von vielen verschiedenen Sportarten neu kombiniert wurden. So hat sich diese Sportart erst nach und nach entwickelt und ist sicher noch lange nicht am Ende. Beim Kitesurfen wurden Elemente des Kite-Buggy-Fahrens (dabei fährt man mit dem Wind an einem Drachen in einem dreirädrigen Gefährt mit bis zu 100 Stundenkilometern am Strand entlang), des Wellenreitens, des Windsurfens, Skateboardens, Snowboardens und Wakeboardens (wie Snowboarden, nur auf dem Wasser) kombiniert. Daraus entstanden zum Teil auch wieder neue und abenteuerliche Figuren. Hinzu kam natürlich auch die ständige Entwicklung der Lenk- und Flugdrachen, die bei dieser Sportart selbstverständlich auch eine wichtige Rolle spielen! Übrigens sollen die ersten Drachen aus Seide und Bambus schon um 1000 vor Christus zum Fliegen gebracht worden sein. Beim Kitesurfen werden speziell entwickelte Lenkdrachen benutzt. So werden so genannte Tubekite-Systeme verwendet, bei denen die Drachen mit aufgepumpten Luftschläuchen ausgestattet sind. Durch sie erhalten die Drachen ihre Stabilität und man kann mit ihnen auch aus dem Wasser starten. Daneben gibt es auch Mattenkites, durch die Luft strömen kann und die über Ventile zu regulieren sind. Außerdem unterscheiden sich die Kites darin, ob es 2-Leiner, 4-Leiner oder 5-Leiner sind. 2-Leiner sind einfacher zu handhaben und werden oft zum Lernen verwendet. Mit den vier oder fünf Leinen können die Kiterinnen und Kiter auch den Anstellwinkel des Drachens verändern und besser mit oder gegen den Wind surfen. „Wow!" und „Aaa!" hört man oft, wo Menschen einen Kitesurf-Wettbewerb am Strand beobachten. Unglaubliche Sprünge, hohes Tempo, waghalsige Schrauben – all das vollführen die Kitesurferinnen und Kitesurfer.

www.wasistwas.de, → sport-kultur [25.3.2011]

20 *Worum geht es im Text? Ergänze den Satz.*

Der Text stellt die Sportart Kitesurfen vor. Für diesen Sport benötigt man ______

______

21 *a) Lies den Text ein zweites Mal und kläre die Bedeutung unbekannter Wörter.*
b) Folgende Wörter kannst du aus dem Text heraus erschließen. Schreibe ihre Bedeutung auf.

speziell: ______

enorme: ______

Gefährt: ______

handhaben: ______

22 *Hast du genau gelesen? Kreuze für jede Aussage an, ob sie richtig oder falsch ist.*

		richtig	falsch
A	Kite ist die Bezeichnung für den Lenkdrachen.	☐	☐
B	Kitesurfen ist aus verschiedenen Sportarten entstanden.	☐	☐
C	Im Winter kann der Sport nicht ausgeübt werden.	☐	☐
D	Anfängerinnen und Anfängern wird Krafttraining empfohlen.	☐	☐
E	Mattenkites sind schlecht zu handhaben.	☐	☐
F	Die Reaktionen Umstehender auf den Sport sind negativ.	☐	☐

23 *Beantworte diese Fragen stichwortartig.*

Mein Tipp:
Markiere im Text die Schlüsselwörter. Sie helfen dir, die Fragen zu beantworten.

Was ist Kitesurfen? ______

Wann entwickelte sich der Sport? ______

Wo kann der Sport ausgeübt werden? ______

Aus welchen Sportarten hat sich Kitesurfen entwickelt? ______

Welche Lenkdrachensysteme gibt es? ______

Worin unterscheiden sich die Kites? ______

24 *a) Unterteile den Text auf Seite 11 in fünf Sinnabschnitte. Unterteile sie gut sichtbar:* ⌐
b) Notiere für jeden Sinnabschnitt die Zeilen.
c) Schreibe eine Zwischenüberschrift in die Randspalte neben den Text.

1. Sinnabschnitt (Z. ______):

2. Sinnabschnitt (Z. ______):

3. Sinnabschnitt (Z. ______):

4. Sinnabschnitt (Z. ______):

5. Sinnabschnitt (Z. ______):

25 *Fasse geordnet und stichwortartig die Informationen zusammen, die der Text auf Seite 11 über Kitesurfen gibt. Verwende dazu die folgende Übersicht und achte auf die Gliederung, die sie vorgibt.*

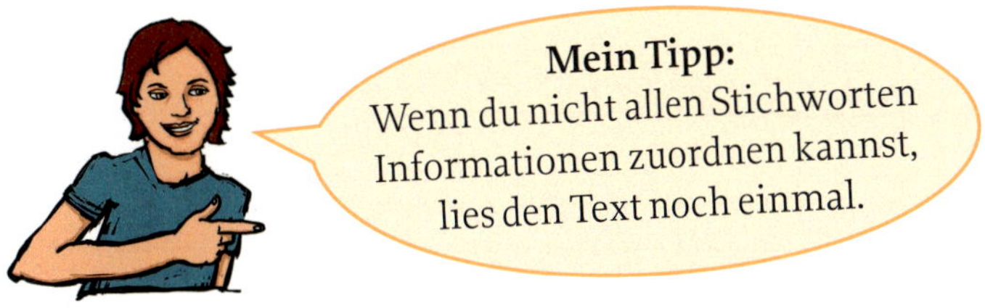

Sportart: ______

Sportgeräte: ______

Geschichte des Sports: ______

Trainingsinhalte: ______

Trainingsorte: ______

Besonderheiten: ______

Wirkung auf das Publikum: ______

26 *Fasse mit Hilfe der Informationen aus der Übersicht oben den Inhalt des Textes auf Seite 11 kurz zusammen. Die Checkliste auf Seite 7 hilft dir dabei. Schreibe mit eigenen Worten. Der Text darf nicht länger werden als der hier vorgegebene Platz zum Schreiben.*

______

______

______

______

______

______

______

✓ Checkliste: Textknacker für Sachtexte

- ☐ 1. Schritt: **Überfliege** den Text. Halte deinen ersten Eindruck fest: *Worum geht es in dem Text?*
- ☐ 2. Schritt: Lies ein zweites Mal und kläre die **Bedeutung unbekannter Wörter**. Achte auf Fremdwörter und Fachwörter. **Tipp:** Knacke schwierige Sätze. Teile lange, verschachtelte Sätze in Sinnabschnitte und unterstreiche den Hauptsatz. Denke daran: Relativsätze können auch durch eine vorgestellte Präposition eingeleitet werden.
- ☐ 3. Schritt: Stelle **W-Fragen** an den Text: *Wer? Was? Wann? Wo? Warum? Wie? Welche Folgen?*
- ☐ 4. Schritt: Markiere **Schlüsselwörter** und beantworte deine Fragen an den Text mit ihrer Hilfe.
- ☐ 5. Schritt: Gliedere den Text in **Sinnabschnitte**, finde **Zwischenüberschriften**.
- ☐ 6. Schritt: **Fasse** den Inhalt kurz und mit eigenen Worten **zusammen** (siehe Seite 7).

Erzähltexte lesen und verstehen

Träume leben

1 *Manche Menschen wollen Filmstars sein, andere reich, wieder andere einfach nur glücklich. Gibt es etwas, das du in deinem Leben unbedingt erreichen oder sein möchtest? Wenn du möchtest, kannst du es hier aufschreiben.*

Ich will unbedingt

2 *Überfliege den folgenden Auszug aus dem Jugendbuch „Kick it like Beckham".*

Narinder Dhami
Kick it like Beckham

„Kick it like Beckham" ist eine Filmkomödie der britischen Regisseurin Gurinder Chadha aus dem Jahr 2002. Narinder Dhami hat ein Jugendbuch zu diesem Film geschrieben. Im Mittelpunkt steht Jesminder Bhamra, Jess genannt, die ein begeisterter Fußballfan ist. Ihr Idol ist David Beckham. Sie will unbedingt selbst Fußball spielen.

Old Trafford[1]. Manchester United[2] gegen Anderlecht[3]. Die Zuschauer, ein Meer aus Rot und Weiß, sind unglaublich nervös. Sie warten auf das alles entscheidende Tor.
„Die große Frage ist nur, wer von Manchester United das Tor schießen wird", sagt John Motson atemlos. „Wird es Scholes sein? Oder vielleicht Ryan Giggs? Oder wird David Beckham hier die Entscheidung bringen?"
Die Zuschauer lehnen sich vor und feuern die Spieler an. Die Atmosphäre ist wie elektrisiert.
„Oh, da kommt ja der Ball, auf den Beckham gewartet hat! Jede Menge Spieler im Mittelfeld und auch Bhamra kämpft sich durch. Eine wunderbare Flanke von Beckham und da ist Bhamra. Was für ein großartiger Kopfball" – und ... und ... TOR!"
Die Zuschauer rasen vor Begeisterung.
„Ein Tor! Ein Tor von Jess Bhamra! Ein exzellenter Kopfball! Sie ist höher gesprungen als all ihre Gegenspieler. Fantastisch, wie sie den Ball ins Toreck gezirkelt hat! Der Torwart hatte keine Chance! Jess Bhamra macht sich allmählich einen Namen bei Old Trafford! Was meinen Sie, Gary? Haben wir in ihr etwa einen neuen Star vor uns?"
Nun werden Gary Lineker, Alan Hansen und John Barnes im TV-Studio eingeblendet. Alle drei sehen ziemlich beeindruckt aus!
„Unbedingt, Motty!", meint Gary und wendet sich an die Diskussionsrunde. „Was meinen Sie, Alan? Könnte Jess Bhamra die Antwort auf Englands Gebete sein?"
Alan zieht die Augenbrauen hoch. „Kein Zweifel, dass wir hier ein großes Talent vor uns haben, Gary. Sie denkt voraus, hat Ballgefühl und eine schnelle Reaktion. Wisst ihr was? Ich wünschte, sie würde für Schottland spielen!" Gary lacht und wendet sich dann an John Barnes. „John, glauben Sie, dass England die richtige Spielerin gefunden hat, um an die ruhmreiche Weltmeisterschaft von 1966 anzuknüpfen?"
„Keine Frage, Gary", antwortet John. „Ich glaube, wir haben endlich das fehlende Puzzleteilchen gefunden. Und das Beste an ihr ist, dass sie noch lange nicht ihre Höchstform erreicht hat!" Gary blickt wieder in die Kamera. „Und nun, hier bei uns im Studio, Jess Mutter – Mrs Bhamra!"
MUM? Verschwinde! Was hast du in meinem Tagtraum verloren?
„Mrs Bahmra, Sie müssen sehr stolz auf Ihre Tochter sein!", sagt Gary strahlend.
„Nein, ganz im Gegenteil!", kreischt Mum. „Ich finde es schrecklich, dass sie mit die-

Fußballspieler

Fußballspieler

1 **Old Trafford:** Fußballstadion in Manchester, England
2 **Manchester United:** englischer Fußballclub, Premier League, in Manchester beheimatet
3 **Anderlecht:** belgischer Fußballclub, in Brüssel beheimatet

sen Männern herumrennt! Und dabei siebzigtausend fremden Menschen ihre nackten Beine zeigt! Sie bringt nur Schande über unsere Familie ...“ Sie wirft einen giftigen Blick auf die Diskussionsteilnehmer. „Und Sie drei sollten sie nicht noch ermutigen.“

Gary, Alan und John blicken drein wie kleine Jungs, die von ihrem Lehrer ausgeschimpft werden.

„Jesminder, du kommst auf der Stelle nach Hause!“, poltert Mum weiter und hält den drohend erhobenen Zeigefinger in die Kamera. Ihre Augen blitzen vor Zorn. „Warte nur, bis du mir unter die Augen trittst! Jesminder Bhamra ...“

In der nächsten Sekunde wurde die Tür meines Zimmers aufgerissen.

„Jesminder, hast du mich nicht gehört?“, fauchte Mum.

Verflixt, warum muss sie einen immer stören, wenn es gerade am spannendsten ist? Dabei wollte Gary gerade Sven-Goran Eriksson interviewen, der mit dem Gedanken spielt, mich für das nächste Englandspiel aufzustellen.

„Jesminder, bist du verrückt geworden?“ Anklagend blickte Mum zuerst auf den Fernseher, dann auf mich. Mit ihrem speziellen Blick, der überdeutlich sagt: Hör zu, ich bin deine Mutter und habe hier das Sagen. „Fußball hin oder her! Morgen ist die Verlobungsfeier deiner Schwester, und du sitzt hier herum und schaust dir diesen Glatzkopf an!“

Aufgebracht riss sie mir die Fernbedienung aus der Hand und schaltete den Fernseher

aus. Ich stöhnte gequält auf. „Oh, Mum! Beckham wird gleich ein Tor schießen!“

Doch das interessierte Mum natürlich nicht im Geringsten. Wie immer. „Komm sofort nach unten!“, befahl sie mir. „Deine Schwester wird gleich verrückt.“

Ach, erzähl mir etwas, was ich noch nicht weiß! Pinky ist sowieso ziemlich verrückt. Und jetzt, so kurz vor ihrer Hochzeit, war sie total am Durchdrehen. Sogar hier oben war im Moment zu hören, dass sie unten im Flur wegen irgendwas ausrastete.

Mit einem leisen Seufzer erhob ich mich. Nicht einmal in meinem Zimmer hatte ich meine Ruhe. Es war genau nach meinem Geschmack eingerichtet und Mum regte sich ständig darüber auf. Überall waren Bilder von David Beckham, und mein Manchester-United-T-Shirt mit der Nummer 7 hing ebenfalls an der Wand. Beckham war mein großes Idol. Okay, ich weiß, was ihr jetzt denkt. Stimmt, er ist verdammt süß. Das sieht sogar ein Blinder. Doch das ist nicht der Grund, warum ich auf ihn stehe. Auf dem Spielfeld ist er ein Gott. *Niemand* kickt wie Beckham.

3 *Im ersten Textauszug geht es um einen Traum, den die Ich-Erzählerin tagsüber hat. Schreibe mit eigenen Worten auf, was das Thema ihres Traums ist.*

4 *Lies ein zweites Mal. Unterstreiche dir unbekannte Wörter oder Namen und kläre ihre Bedeutung. Notiere in der Randspalte.*

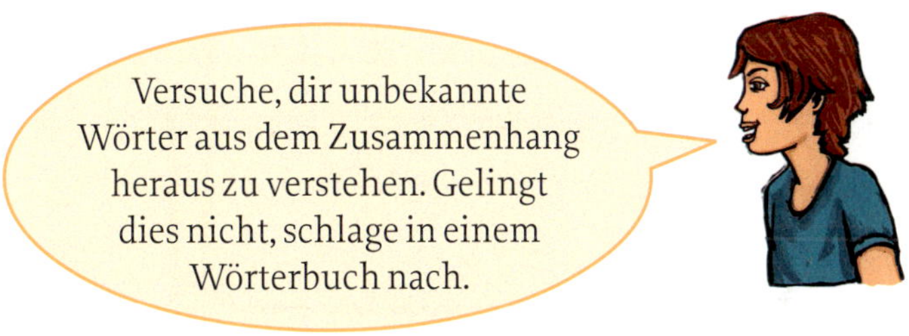

5 *Hast du genau genug gelesen? Kreuze für jede Aussage an, ob sie zutrifft oder nicht.*

		trifft zu	trifft nicht zu
A	Jess befindet sich auf dem Spielfeld und hat gerade ein Tor geschossen.	☐	☐
B	Jess Bhamra ist begeisterte Fußballspielerin.	☐	☐
C	Ihre Mutter kann ihre Begeisterung nicht teilen.	☐	☐
D	In einem Tagtraum lebt Jess ihr Talent aus.	☐	☐
E	Die Mutter stürzt herein und unterbricht Jess' Traum.	☐	☐
F	In Jess' Traum heiratet ihre Schwester Pinky.	☐	☐

6 *a) In dem Textauszug finden sich umgangssprachliche Ausdrücke.*
Finde für folgende Begriffe andere Formulierungen.

total am Durchdrehen sein (Zeile ______): ____________________

ausrasten (Zeile ______): ____________________

auf jemanden stehen (Zeile ______): ____________________

b) Überlege, warum diese sprachlichen Formulierungen gewählt wurden. Kreuze die richtige Lösung an.

Die umgangssprachlichen Formulierungen wurden gewählt,

- ☐ weil die Ich-Erzählerin jung ist und sich nicht viel Mühe geben will.
- ☐ weil der Text für Jugendliche geschrieben wurde, die diese Sprache selbst verwenden und sich dadurch angesprochen fühlen.
- ☐ weil Erwachsene wissen wollen, wie Jugendliche sich ausdrücken.
- ☐ weil die Leserinnen und Leser einen negativen Eindruck gewinnen sollen.

7 *Im Mittelpunkt des Eingangskapitels stehen zwei Figuren: Jess und ihre Mutter, Mrs Bhamra.*
a) Markiere Textstellen gelb, in denen du etwas über Jess erfährst, und jene grün, in denen du etwas über Mrs Bhamra erfährst.
b) Fasse kurz die Informationen zusammen, die du über die Figuren erhältst.

Jess lebt in einer Familie mit indischen Wurzeln. Sie hat eine Schwester namens ____________________

____

Mrs Bhamra will ____________________

____

8 *Jess und ihre Mutter haben einen Konflikt. Beschreibe diesen, indem du die Sätze in den Sprechblasen ergänzt.*

9 *Die Ich-Erzählerin bezieht die Leserinnen und Leser in ihr Leben ein, indem sie sie direkt anspricht. Markiere die Textstelle und notiere daneben in der Randspalte „direkte Leseransprache".*

10 *a) Gliedere den Text auf Seite 14 bis 15 in drei Sinnabschnitte. Kennzeichne diese im Text so: ∫*
b) Gib die Zeilen an und formuliere für jeden Sinnabschnitt eine Zwischenüberschrift.

1. Sinnabschnitt (Zeile ________): ______________________________

2. Sinnabschnitt (Zeile ________): ______________________________

3. Sinnabschnitt (Zeile ________): ______________________________

11 *Lies den folgenden Textauszug.*

Jess spielt häufiger mit den Jungen Taz, Sonny und Gary im Park Fußball. Eines Tages kommt Jules vorbei, die im Fußballverein Hounslow Harriers trainiert. Sie erkennt Jess' großes Talent und lädt sie zu einem Probespiel ein. Jess nimmt die Einladung an, denn sie sieht darin ihre große Chance.

Ich stand seitlich am Spielfeld und versuchte, das alles zu begreifen. Die Hounslow Harriers spielten auf einem richtigen Sportplatz. Einem Sportplatz mit Flutlicht und Eckfahnen, Umkleideräumen und Zuschauertribünen. Statt der Anfeindungen, Albernheiten und Spötteleien von Taz, Sonny und Gary und den anderen gab es hier Mädchen, die Fußball genauso ernst nahmen wie ich und im Moment vor mir auf dem Platz trainierten. Sie sahen ganz unterschiedlich aus. Manche von ihnen waren groß und schlank wie Jules, andere eher kräftig gebaut, fast athletisch. Ein paar der Mädchen waren schwarz, aber eine Inderin war nicht dabei. Hätte mich ehrlich gesagt auch gewundert.

Vor Aufregung schlug mir das Herz bis zum Hals. Das sind die Mädchen, mit denen ich spielen werde, falls sie mich aufnehmen, sagte ich mir. Nein, sobald sie mich aufnehmen, korrigierte ich mich sofort. Ich würde diese große Chance nicht vermasseln. Aber zuerst musste ich dem prüfenden Blick des Trainers standhalten. Deshalb war ich schließlich hier.

Von Jules wusste ich bereits, dass der Trainer Joe hieß. Ich beobachtete ihn, wie er auf dem Platz auf und ab rannte und den Spielerinnen etwas zubrüllte. Einige von ihnen übten Ballkontrolle, ein paar andere Elfmeterschießen. Ich fragte mich, wie Joe sich als einziger Mann unter so vielen

Frauen fühlte. Es schien ihm offensichtlich nichts auszumachen. Man hatte den Eindruck, dass er sich absolut wohlfühlte ... Und im Übrigen sah er gar nicht schlecht aus, falls das jemanden von euch interessieren sollte.

Ich holte tief Luft und rannte dann geradewegs auf Jules zu, die sich mit Joe am Rand des Spielfelds unterhielt. Als Joe mich bemerkte, sah er alles andere als erfreut aus. Doch das hielt mich nicht davon ab, ihn mit großen Augen anzustrahlen. Allein schon hier zu sein, fand ich schrecklich aufregend.

„Wo spielst du normalerweise?", fragte er mich. Kein Hallo, nichts. Seine Frage hätte ganz schön abweisend geklungen, wenn er nicht diesen weichen, irischen Akzent gehabt hätte.

Ich strahlte ihn an. „Im Park."

Stirnrunzelnd blickte er zu Jules. „Ich meinte, auf welcher Position?"

„Ach so, entschuldige." Ich Idiot! „Normalerweise spiele ich auf dem ganzen Feld, aber rechts im Sturm bin ich am besten."

Joe beäugte mich von Kopf bis Fuß. „Na schön, dann zieh dir deine Fußballschuhe an!", sagte er.

Ich erschrak. „Oh, ich habe keine."

Im ersten Moment befürchtete ich, er würde mich wieder wegschicken, noch ehe ich überhaupt angefangen hatte. Ängstlich blickte ich ihn an, damit er begriff, wie viel mir am Fußballspielen lag. Auch Jules schien sich nicht mehr ganz wohl in ihrer Haut zu fühlen. Mir kam der Verdacht, dass sie Joe lange hatte zureden müssen, damit er mir überhaupt eine Chance gab.

„Na schön", sagte er schließlich. „Dann komm und mach bei den Aufwärmübungen mit." Erleichtert zog ich den Reißverschluss meiner Trainingsjacke auf. Darunter trug ich mein Beckham-Shirt. Bald würde ich vielleicht die Harriers-Streifen tragen wie die anderen Mädchen. Doch zuerst musste ich dem Trainer zeigen, was ich draufhatte ...

Ich war etwas nervös, als ich mich zu den anderen Spielerinnen stellte. Komisch, wenn ich gegen die Jungs im Park spielte, war ich nie nervös, doch das hier war etwas anderes. Ich musste mich beweisen, um mir einen Platz zu sichern.

Sobald ich den Ball vor den Füßen hatte, war mein Lampenfieber wie weggeblasen. Es war genauso wie im Park. Adrenalin schoss durch meine Adern, als ich den Ball über das Feld dribbelte und dabei geschickt zwei gegnerischen Abwehrspielerinnen auswich. Ich machte meinen berühmten Übersteiger, um an einer dritten Verteidigerin vorbeizukommen, und hatte freie Bahn aufs Tor.

„Gib an Jules ab!", hörte ich Joe von der Seitenlinie aus brüllen.

Ich schoss den Ball quer durch den Strafraum, direkt in Jules' Richtung, und sie beförderte ihn mit einem seitlichen Schuss ins Netz.

„Klasse!", brüllte Joe, und ich lief vor Stolz rot an. Ich war ganz in meinem Element.

Nach dem Spiel war ich so aufgeregt, dass mir ganz schlecht war. Ich wollte unbedingt in diese Mannschaft aufgenommen werden. Ich fand, dass es ganz gut gelaufen war – ich selbst hatte zwar kein Tor geschossen, dafür aber Jules und einem anderen Mädchen, dessen Namen ich nicht kannte, gute Ballvorlagen geliefert. Als wir vom Feld trotteten und ich Joe auf mich zukommen sah, blieb mir fast das Herz stehen.

Jess bekommt ihre Chance in der Frauenmannschaft, denn Joe erkennt ihr herausragendes Talent.

12 *Worum geht es in diesem Textauszug? Fasse im Heft kurz zusammen.*

13 *a) Unterstreiche im Auszug umgangssprachliche Stellen.*
b) Beschreibe in einem Satz, welche Wirkung die Umgangssprache erzielt. Schreibe in dein Heft.

Die Verwendung der Umgangssprache wirkt auf den Leser/die Leserin ...

Mit einem **Handlungspfeil** kannst du die Ereignisse der äußeren Handlung zeitlich geordnet darstellen.

14 *Was geschieht bei den Hounslow Harriers? Schreibe den Ablauf der Handlung im Handlungspfeil auf.*

Jess erscheint zum Probespiel und ist beeindruckt vom Umfeld und den Mädchen. → ______ → ______ → ______

15 *Wie verhält sich Jess, wie Joe?*
a) Markiere die Textstellen gelb, in denen Jess' Verhalten deutlich wird.
b) Markiere grün, was du über Joe erfährst. Notiere am Rand, wie sein Verhalten auf dich wirkt.

16 *Versetze dich in den Trainer Joe:*
Was denkt er zu Beginn des Probespiels über Jess? Welche Meinung hat er nach dem Spiel über sie?
Schreibe seine Überlegungen in dein Heft.

17 *a) Lies die folgenden Sätze aufmerksam durch.*

Sobald ich den Ball vor den Füßen hatte, war mein Lampenfieber wie weggeblasen. Es war genauso wie im Park. Adrenalin schoss durch meine Adern, als ich den Ball über das Feld dribbelte und dabei geschickt zwei gegnerischen Abwehrspielerinnen auswich.

b) Wie wirkt dieser Auszug auf dich? Kreuze an.

☐ langweilig ☐ spannend ☐ gelassen ☐ sachlich

c) Prüfe am Text, mit welchen Mitteln diese Wirkung erzielt wird.
d) Kreuze an, welches der sprachlichen Mittel verwendet wird.

☐ unvollständige Sätze ☐ Ausrufe ☐ ausdrucksstarke Verben ☐ viele Adjektive

18 *Lies den Textauszug.*

Jess tritt ohne Erlaubnis ihrer Eltern der Frauenmannschaft bei. Um auch an wichtigen Spielen teilnehmen zu können, belügt sie ihre Eltern. Sie wird erwischt, das Fußballspielen verboten. Joe will sich für Jess einsetzen und besucht ihre Eltern zu Hause.

Mit zittrigen Händen trug ich das Tablett mit dem Tee aus der Küche und hoffte, dass niemand die Tassen auf den Untertellern klirren hörte. Im Wohnzimmer herrschte betretenes Schweigen. Dad, Mum und Pinky blickten Joe stumm an und sahen dabei keineswegs freundlich aus. Immerhin hatten sie ihn nicht einfach hinausgeworfen, sondern waren bereit, ihn anzuhören.
Ich stellte das Tablett auf dem Couchtisch ab und reichte Joe eine Tasse.
„Danke, Jess“, sagte er mit ruhiger Stimme.
Ich kauerte mich in eine Ecke des Sofas und beobachtete ihn verstohlen. Es war ein herrliches Gefühl, ihn wiederzusehen. Mein Herz war kurz vorm Zerspringen, und mein Magen schlug Purzelbäume, wann immer ich seinen Blick auf mir fühlte. Aber ich musste vorsichtig sein. Pinky riecht eine Meile gegen den Wind, wenn jemand in ihrer Nähe verliebt ist. Und wenn Mum und Dad auch nur den leisesten Verdacht hegten, dass ich in meinen Trainer verliebt war, wären meine Chancen, wieder in der Mannschaft zu spielen, noch geringer als jetzt.
War Joe nur vorbeigekommen, um sich zu erkundigen, warum ich nicht mehr zum Training kam? Oder hatte Jules ihm erzählt, dass meine Eltern von der ganzen Sache nichts gewusst hatten?
Aber egal – angesichts der finsteren Blicke, mit denen er konfrontiert war, hatte er inzwischen sicher längst erraten, wie die Dinge standen.
Joe räusperte sich. „Es tut mir leid, dass ich einfach so bei Ihnen hereinplatze, Mrs und Mr Bhamra“, begann er. „Aber ich wollte Sie persönlich sprechen. Ich habe erst heute erfahren, dass Sie nicht gewusst haben, dass Jess in unserer Mannschaft spielt.“
„Allerdings haben wir das nicht gewusst!“, entgegnete Mum barsch.
Joe blickte Mum an. „Dafür möchte ich mich entschuldigen“, sagte er. Am liebsten wäre ich ihm um den Hals gefallen! Jules musste ihm alles erzählt haben, und er hatte sich denken können, dass es kein leichtes Gespräch werden würde. Aber er war trotzdem gekommen! Na klar, es ging ihm nur darum, dass ich wieder mitspielte, aber ich freute mich trotzdem. „Wenn mir das bekannt gewesen wäre, hätte ich Jess natürlich aufgefordert, es Ihnen zu sagen ...“
Er machte eine kurze Pause, ehe er weiterredete: „... weil ich nämlich glaube, dass sie ein enormes Talent hat.“
Ein langes Schweigen folgte.
Schließlich ergriff Dad das Wort. „Ich glaube, wir wissen besser, welche Talente unsere Tochter hat“, sagte er mit fester Stimme.

„Jess hat keine Zeit fürs Fußballspielen. Sie fängt bald ein Studium an.“

„Aber es ist eine große Ehre, in dieser Mannschaft zu spielen“, hörte ich mich sagen. Ich konnte nicht länger schweigen.

Mum funkelte mich an. „Gibt es eine größere Ehre, als seine Eltern zu respektieren?“, fragte sie bissig.

Dad musterte Joe. „Junger Mann, als ich noch ein Teenager war und in Nairobi lebte, war ich im Kricket-Team. Ich war der beste Werfer meiner Schule“, sagte er barsch. „Unser Team hat sogar den Ostafrika-Cup gewonnen. Doch als ich in dieses Land hier kam, war alles zu Ende. Kein Verein wollte mich haben. Diese verdammten Weißen in ihren Clubhäusern lachten über mich und meinen Turban und schickten mich weg.“

Betreten blickte ich zu Boden.

Diese Geschichte war mir nicht neu, weil Mum sie mir mal erzählt hatte, doch aus Dads Mund hatte ich sie noch nie gehört.

„Tut mir leid, Mr Bhamra“, begann Joe. „Aber inzwischen ...“

„Inzwischen, was?“, fiel Dad ihm ins Wort. „Kein einziger junger Inder ist in einem Fußballverein. Und da glauben Sie, sie würden unsere Mädchen zulassen? Ich will nicht, dass Jesminder sich große Hoffnungen macht ...“ Er warf mir einen kurzen Seitenblick zu. „ ... sonst wird sie am Ende genauso enttäuscht sein wie ich damals.“

„Aber, Dad, inzwischen hat sich doch so vieles verändert“, sagte ich verzweifelt. „Schau dir Nasser Hussain an! Er ist der Kapitän des englischen Kricket-Teams, und er stammt aus Asien!“

„Hussein ist ein muslimischer Name“, warf Mum streng ein. „Diese Familien sind ganz anders als wir.“

„Oh, *Mum!*“

Doch es nützte nichts. Ich musste einsehen, dass sie nicht nachgeben würden. Das war offenbar auch Joe klar, denn nur wenige Minuten später verabschiedete er sich, ohne seinen Tee ausgetrunken zu haben.

Da ich unbedingt noch kurz mit ihm reden wollte, begleitete ich ihn zu seinem Auto. Mum warf mir einen vorwurfsvollen Blick zu, doch das war mir egal. Wahrscheinlich war es ohnehin das letzte Mal, dass ich Joe sah.

„Tut mir furchtbar leid“, sagte ich leise, als ich die Haustür hinter mir zuzog. „Aber vielen Dank, dass du es versucht hast.“

Joe zuckte mit den Achseln. „Wir sind nächsten Samstag zu einem Spiel nach Deutschland eingeladen. Echt schade, dass du nicht mitkommen kannst.“

Vor Überraschung fielen mir fast die Augen aus dem Kopf. „Wow! Nach Deutschland! Wirklich?“ Doch ich kam schnell wieder zur Besinnung, weil mir dämmerte, dass meine Chancen, an diesem Spiel teilzunehmen, gleich null waren.

„Jetzt begreife ich deine Situation“, sagte Joe. „Aber glaub mir, Eltern wissen nicht immer, was das Beste für einen ist, Jess.“

Ich blickte ihm noch lange nach, als er davonfuhr. Meine Gedanken überschlugen sich. Eltern wissen nicht immer, was das Beste für einen ist ...

Joe hatte Recht. In meinem Fall wusste sie es wirklich nicht.

19 *Lege im Heft einen Handlungspfeil wie auf Seite 18 an und trage ein, was in diesem Textauszug geschieht.*

Joe besucht Mr und Mrs Bhamra, will über Jess' Training sprechen. Jess kocht Tee. → ______ → ______ → ______ →

20 *Kläre die Bedeutung der Wörter aus dem Textzusammenhang und notiere sie in der Randspalte neben dem Wort.*

kauerte (Zeile 19)   verstohlen (Zeile 20)   konfrontiert (Zeile 39)

barsch (Zeile 49)   mir dämmerte (Zeile 131)

21 *Jess' Gefühle für ihren Trainer werden im Text durch ein sprachliches Bild ausgedrückt (Zeile 22 bis 25).*
a) Unterstreiche die Textstelle.
b) Erkläre mit eigenen Worten, was hier bildlich dargestellt wird.

Ein sprachliches Bild muss entschlüsselt werden, damit du den Text verstehst.

22 *Hast du genau gelesen? Kreuze für jede der folgenden Aussagen an, ob sie richtig oder falsch ist.*

		richtig	falsch
A	Jess nimmt nicht am Gespräch teil, weil sie ihrer Mutter im Haushalt helfen muss.	☐	☐
B	Mr Bhamra will seiner Tochter Enttäuschungen und negative Erfahrungen ersparen, wie er sie in seinem Leben durchmachen musste.	☐	☐
C	Mrs Bhamra hat Angst um ihre Tochter.	☐	☐
D	Mr Bhamra glaubt nicht, dass seine Tochter Talent hat.	☐	☐
E	Mr Bhamra hat Angst, dass sich seine Tochter in Joe verlieben könnte.	☐	☐
F	Jess soll keine Zeit mit Sport verschwenden, weil sie bald studieren wird.	☐	☐

23 *Fasse Mr Bahmras Haltung gegenüber Jess' Training mit eigenen Worten in vollständigen Sätzen zusammen.*

24 *Fasse mit eigenen Worten in vollständigen Sätzen zusammen, wie Joe seine Position begründet.*

25 *Erkläre: „Eltern wissen nicht immer, was das Beste für einen ist …" (Zeile 135 bis 136). Was meint Joe damit?*

26 *Zeichne ein Schaubild, das die Beziehungen der im Textauszug auf Seite 19 bis 20 vorkommenden Figuren zeigt. Verwende Symbole, um die Beziehungen deutlich zu machen.*

Die Beziehungen zwischen Figuren (zum Beispiel Abneigung, Liebe, Konkurrenz, Neid) kannst du dir in einem Schaubild mit Symbolen wie Pfeilen, Zeichen und Bildchen klarmachen.

Jess spielt weiter heimlich Fußball. Ein Talentsucher entdeckt sie: Ein US-amerikanisches College will ihr ein Studium finanzieren und sie zu einem Profi aufbauen. Jetzt will Jess ihre Eltern endlich offen und ehrlich von ihrem Lebenstraum überzeugen. Als ihr Freund Tony ihr ungebeten helfen will, indem er vorgibt, Jess heiraten zu wollen, reagiert sie sofort …

„Mum, Dad! Tony lügt", sprudelte es aus mir heraus. „Wir wollen nicht heiraten."
Abrupt hörten alle auf zu jubeln und schauten sich verwirrt an.
„Das hat Tony nur gesagt, weil er mir helfen will", fuhr ich tapfer fort. „Wisst ihr, ich habe heute beim Finale mitgespielt – und wir haben gewonnen!"
„Was?" Mum klang schockiert. „Wie das?"
„Ich wollte nicht hingehen, doch dann hat Dad es mir erlaubt", erklärte ich ihr.
Mum verschlug es die Sprache – was äußerst selten vorkommt! Fassungslos wandte sie sich an Dad, dem die Sache ziemlich peinlich war.
„Und es war super!", fuhr ich schwärmerisch fort, noch ehe Mum sich von ihrem Schock erholt hatte. „Ich habe so gut gespielt wie nie zuvor – weil ich mich zum Spielen nicht heimlich davonstehlen und euch anlügen musste. Ich habe nie darum *gebeten*, gut Fußball zu spielen …", sagte ich mit einem Blick auf das Bild an der Wand. „… Guru Nanak[1] muss mich mit diesem Talent gesegnet haben. Außerdem war ein Scout aus Amerika da. Er fand mich so gut, dass er mir ein College-Stipendium angeboten hat mit der Möglichkeit, professionell Fußball zu spielen. Das ist eine einmalige Gelegenheit, die ich mir auf keinen Fall entgehen lassen will …" Ich schluckte die aufsteigenden Tränen hinunter. „Und wenn ich euch nicht endlich sagen darf, was ich wirklich möchte, dann werde ich im Leben niemals glücklich sein, was immer ich auch tue."
Ängstlich schaute ich zu Mum und Dad. Dad wirkte betroffen, während Mum sich anscheinend schon wieder erholt hatte. Sie funkelte Dad an. „Soll das etwa heißen, du hast sie am Hochzeitstag ihrer Schwester zum *Fußballspielen* gehen lassen!?"
Ein Gefühl der Enttäuschung machte sich in mir breit. Ich konnte die Tränen nicht länger zurückhalten und sank kraftlos auf einen Sessel. Hatte Mum denn gar nicht gehört, was ich gesagt hatte?
„Du konntest ihre Trauermiene vielleicht ertragen – ich nicht", brummte Dad. „Ich brachte es nicht übers Herz, sie davon abzuhalten."
„Und was ist die Folge davon? Jetzt will sie nach Amerika gehen!", entgegnete Mum aufgebracht. Ich kauerte mich zusammen und fühlte mich hundeelend. Ich hatte es komplett vermasselt. Schweigen.
Auf einmal stand Dad auf, goss sich einen Whiskey ein und wendete sich an Mum.
„Als diese verdammten englischen Kricketspieler mich damals wie einen räudigen Hund aus ihrem Club warfen, ließ ich mir nach außen hin nichts anmerken", sagte er mit ruhiger Stimme. „Doch nicht nur das, ich ließ es mir sogar gefallen. Ich schwor mir nur, nie wieder zu spielen. Und wer hat darunter gelitten? Ich – und sonst niemand!"
Ich starrte ihn verblüfft an. Mit so viel Offenheit hatte ich nicht gerechnet.
„Ich will nicht, dass Jessie genauso leidet!" Dad nahm einen großen Schluck Whiskey. „Ich will nicht, dass sie denselben Fehler macht wie ihr Vater, der sich einfach mit den Umständen abgefunden hat. Ich will, dass sie kämpft – und dass sie gewinnt!"
Ich setzte mich aufrecht hin. Ein Fünkchen Hoffnung glimmte in mir auf.
„Ich habe Jess spielen sehen, und sie ist großartig, einfach großartig!", fuhr Dad mit einer für ihn ungewöhnlichen Leidenschaft fort. Ich musste schmunzeln. Aha, er hatte mich also im Halbfinale spielen sehen. „Ich glaube nicht, dass irgendjemand das Recht hat, sie davon abzuhalten …"
Ungläubig schnappte ich nach Luft, sprang auf, rannte mit ausgebreiteten Armen auf meinen Vater zu und fiel ihm um den Hals.
Mum mochte zwar eine Menge reden, doch wenn Dad erst einmal eine Entscheidung getroffen hat, gibt es kein Zurück mehr. Ich war so glücklich, ich brachte kein Wort heraus. Ich drückte ihn nur ganz, ganz fest.
„Zwei Töchter, die am selben Tag das große Glück finden." Ein Lächeln breitete sich auf Dads Gesicht aus. „Was könnte sich ein Vater mehr wünschen?"
Mum schluckte. „Hm, na ja … Zumindest habe ich ihr beigebracht, wie man ein komplettes indisches Essen kocht", sagte sie mehr zu sich selbst als zu uns. „Der Rest liegt in Shivas[2] Hand."

1 **Guru Nanak:** indischer Heiliger und Religionsstifter
2 **Shiva:** Gott im Hinduismus

27 *Trage in den Handlungspfeil ein, was in diesem Textauszug geschieht.*

Jess weist Tonys Lügen zurück, erzählt vom Sieg beim Fußballspiel.			

28 *Kläre die Bedeutung der unterstrichenen Wörter. Schreibe diese neben den Text in die Randspalte.*

29 *Mr Bhamra hat seine Meinung geändert.*
Fasse seine Argumente mit eigenen Worten und in vollständigen Sätzen zusammen.

30 *Die Geschichte ist aus der Sicht einer Ich-Erzählerin geschrieben.*
Warum hat die Autorin diese Sicht gewählt? Erkläre ihre Wirkung.

Die Perspektive der Ich-Erzählerin wurde gewählt.

31 *Fasse den Inhalt der Textauszüge auf Seite 14 bis 22 kurz zusammen: Hinweise dazu findest du auf Seite 7.*
Schreibe die Einleitung ab und setze die Inhaltsangabe in deinem Heft fort.

Im Mittelpunkt des Jugendromans „Kick it like Beckham" von Narinder Dhami, der 2002 zum gleichnamigen Film erschienen ist, steht Jesminder Bhamra, genannt Jess. Ihre Eltern stammen aus Indien und sind nach England eingewandert. Jess ...

✓ Checkliste: Textknacker TEXT Knacker für erzählende Texte

- ☐ 1. Schritt: **Lies** den Text. Halte deinen ersten Eindruck fest: *Worum geht es im Text?*
- ☐ 2. Schritt: Kläre die **Bedeutung unbekannter Wörter**.
- ☐ 3. Schritt: Stelle Fragen an den Text: *Wer? Was? Wann? Wo? Warum? Wie? Welche Folgen?*
  - ☐ Trage die **Handlungsschritte** in der zeitlich richtigen Reihenfolge auf einem Handlungspfeil ein: →
  - ☐ Über die **Figuren** erfährst du etwas, weil ihre Verhaltensweisen erzählt werden, aber auch ihre Gedanken und Gefühle. Ein Schaubild hilft dir, die **Beziehungen** zwischen den Figuren, aber auch ihre **Konflikte** zu erfassen.
- ☐ 4. Schritt: Beschreibe die Erzählweise. Kläre die **Perspektive,** aus der erzählt wird, und gib ihre Wirkung an. Untersuche die sprachliche Gestaltung (z. B. Umgangssprache, Satzbau, Wortwahl) und entschlüssele **sprachliche Bilder** (z. B. Metaphern, Vergleiche).
- ☐ 5. Schritt: **Fasse** den Inhalt kurz **zusammen.** Hinweise dazu findest du auf Seite 7.

Sachlich informieren – Einen Hintergrundbericht schreiben

Informationen sammeln und auswerten – Aus Afrika ins Abseits

Du sollst für die Schülerzeitung einen Hintergrundbericht über die Situation junger afrikanischer Fußballer in Europa schreiben. Du hast bereits dafür recherchiert und einige Materialien zusammengetragen, die du nun auswerten musst.

Ein Hintergrundbericht **informiert zuverlässig** über Geschehnisse oder Personen.
Wichtige Fragen werden beantwortet, zum Beispiel: Was? Wer? Wann? Wo? Warum? Welche Folgen?
Der Hintergrundbericht kann zwischen **sachlichen Informationen** und **anschaulicher Beschreibung** wechseln (vergleiche „Reportage“, Seite 30).
Das **Tempus** ist in der Regel das **Präteritum,** in beschreibenden Teilen wird das **Präsens** verwendet.

1 *Lies alle Materialien aufmerksam.*
Kläre unbekannte Wörter und markiere Schlüsselwörter.

Material 1: ______________________

Stürmerstars aus Afrika: Samuel Eto'o (Kamerun) – Inter Mailand

Didier Drogba (Elfenbeinküste) – FC Chelsea

Viele Jugendliche in Afrika träumen davon, durch Fußballspielen der Armut zu entkommen. Seit den 1990er-Jahren wächst die Zahl der jungen Spieler aus Afrika, die in Europa ihr Glück suchen. Viele kommen zum Beispiel aus Kamerun, von der Elfenbeinküste, aus dem Senegal oder aus Ghana. Europäische Vereine stehen bei den jungen Afrikanern hoch im Kurs. Fußball-Agenten und Talent-Scouts nutzen dies aus und locken die Jugendlichen mit Versprechungen nach Europa.

Material 2: ______________________

Im Juli 2010

Ich heiße Michel, bin 16 Jahre alt und komme aus Douala. Das ist eine Küstenstadt in Kamerun. Schon als kleiner Junge habe ich gern Fußball gespielt und ganz viel trainiert. Gleich treffe ich einen Talent-Scout aus Deutschland! Er hat mir ein paar Mal beim Training zugeschaut und mich neulich schon einmal angesprochen.

Michel, du hast eine Menge Talent. Du musst unbedingt nach Europa gehen. Wenn du in Europa in einem guten Club spielst, hast du eine große Chance auf eine internationale Karriere. Ich sorge dafür, dass du einen Profi-Vertrag bekommst und ein Star wirst.

Material 3: ______________________________

Michel ist damals tatsächlich nach Europa gegangen. Viele Monate später ist er wieder zu Hause in Kamerun. Warum, schreibt er in seinem Blog im Internet: „Ich habe meine Eltern immer wieder gebeten, nach Europa gehen zu dürfen. Sie haben schließlich zugestimmt und sich sogar für meine Reise nach Europa verschuldet. Mitte Juli 2010 bin ich dann los. Ich bin mit 16 ganz allein nach Paris gegangen. Dort spielte ich ein paar Mal für die Jugendmannschaft. Aber dann hatte ich Pech. Schon im Oktober verletzte ich mich während eines Spiels. Ich weiß es noch ganz genau. Es war der 2. Oktober. Meine Verletzung war so schlimm, dass eine Operation nötig war. Anschließend musste ich in eine Reha-Klinik, um mich wieder zu erholen. Das alles zog sich wochenlang hin, bis Ende November. Ich wurde einfach fallen gelassen und nicht mehr zurück in den Verein geholt. Zum Glück fand ich Unterstützung bei ‚Foot Solidaire', einem Verein für gestrandete afrikanische Fußballer. Der Verein half mir dabei, am 15. Dezember in meine afrikanische Heimat zurückfliegen zu können."

Material 4: ______________________________

Jean Claude Mbvoumin hat den Verein „Foot Solidaire" gegründet. Er berichtet: „Leider ist bei der Vermittlung von jungen afrikanischen Fußballern viel Betrug im Spiel. Betroffen sind vor allem Jugendliche zwischen 15 und 16 Jahren, aber auch schon Kinder ab 10, 12 Jahren. Unerfahrene Jungen, die sich ausnutzen lassen. Betrügerische Agenten nehmen den Jugendlichen oft ihre Papiere und ihr Geld ab. Dazu streichen sie noch Prämien von Vereinen ein."

Material 5: ______________________________

Stars wie Didier Drogba (Elfenbeinküste) und Michael Essien (Ghana) sind die Ausnahme: Beide haben es zu gut bezahlten Verträgen beim FC Chelsea in London gebracht. Die Regel sind talentierte junge Kicker, die in einer unteren europäischen Liga kicken und nach Auslaufen ihres Vertrags ohne Visum dastehen. Reich werden ihre „Scouts", die Männer, die die Talente entdeckt und nach Europa gebracht haben.
Häufig sind die Verträge so gestaltet, dass die Spieler ausgenommen werden. Und wenn sie die große Profi-Karriere nicht schaffen, endet irgendwann ihr Vertrag. Dann sitzen sie auf der Straße und trauen sich nicht nach Hause, wo sie die großen Hoffnungen der Familie enttäuscht haben. Ganz zu schweigen von den Talenten, die in Europa von vornherein scheitern und gar keinen Vertrag erhalten. Auch sie schämen sich angesichts ihres gescheiterten Traums. Oft bezahlt ihnen der Scout nicht einmal den Rückflug nach Afrika.

Andreas Braun/Erwin Kohla, Journalisten

Material 6: ______________________________

2001 hat der Weltfußballverband Fifa die Transferregeln verschärft. Seitdem ist die Verpflichtung von minderjährigen Spielern über Ländergrenzen hinweg verboten. Doch Vermittler und Clubs finden immer wieder Schlupflöcher – zum Beispiel, indem sie die Spieler als Studenten getarnt ins Ausland schaffen.

Tillmann Elliesen, Journalist

2 *Schreibe über jedes Material eine kurze Überschrift, die dessen Inhalt knapp zusammenfasst.*

3 *Prüfe, ob du die Informationen, die die Materialien geben, gut verstanden hast. Kreuze für jede Aussage an, ob sie zutrifft oder nicht.*

		trifft zu	trifft nicht zu
A	Michels Karriere als Fußballer war in Europa schnell zu Ende.	☐	☐
B	Michel blieb nach seinem Scheitern in Paris.	☐	☐
C	Agenten oder Scouts sind es, die junge Fußballtalente in Afrika entdecken und nach Europa vermitteln.	☐	☐
D	Junge afrikanische Fußballer haben in der Regel in europäischen Clubs tolle Chancen, berühmt zu werden.	☐	☐
E	Wenn die Verträge auslaufen, bekommen die jungen Spieler eine Ausbildung bezahlt.	☐	☐
F	Die Agenten oder Scouts verdienen gut an der Vermittlung der Spieler.	☐	☐
F	Es gibt Fifa-Regeln zum Schutz minderjähriger Spieler, aber sie werden nicht immer beachtet.	☐	☐

4 *Du hast dich entschieden, den „Fall Michel" in den Mittelpunkt deines Hintergrundberichts zu stellen. Ordne die Informationen, die du den Materialien entnommen hast, und schreibe sie in den folgenden beiden Übersichten auf.*

Informationen über Michel		Material	Zeilenangabe
Wer ist Michel?	16-jähriger Junge aus Kamerun, Fußballer	2	
Wo spielte sich seine Geschichte ab?	Douala,		
Wann geschah sie?	Juli 2010 bis		
Was geschah? Welche Folgen hatte das Geschehen?	Michel trainierte in Douala Fußball.		

Wenn du weitere Informationen haben möchtest, gib im Internet „Foot Solidaire" in eine Suchmaschine ein.

Informationen über afrikanische Nachwuchsfußballer		Material	Zeilenangabe
Welche Rolle spielen **Agenten/Scouts?**	Agenten/Scouts suchen in Afrika Talente		
Wie ist die **Situation der jungen Fußballer** in Europa?	keine oder schlechte Verträge		
Welche **Fifa-Regeln** gibt es für minderjährige Spieler?			
Wie werden die **Fifa-Regeln beachtet?**			

Schreibplan für den Hintergrundbericht

- ☐ Die **Einleitung** nennt Thema und Ziel des Berichts. Sie beginnt am besten mit einem interessanten Beispiel.
- ☐ Der **Hauptteil** berichtet in erkennbarer Reihenfolge, zum Beispiel vom Besonderen zum Allgemeinen: *Der 16-jährige Michel aus Douala ...* *Viele afrikanische Jugendliche ...*
- ☐ Der **Schluss** enthält dein persönliches Gesamturteil.

Den Hauptteil schreiben

5 *Der erste Abschnitt:*
Berichte mit Hilfe der folgenden Satzanfänge sachlich über Michels Erfahrungen. Schreibe im Präteritum.

Michel spielte in seiner afrikanischen Heimat schon ______

Während eines Trainings ______

Der Scout versprach Michel ______

Mitte Juli 2010 ______

Doch am 2. Oktober ______

Der Unfall hatte zur Folge, ______

Der Verein wartete nicht auf Michel, ______

Mit Hilfe des Vereins „Foot Solidaire" ______

6 *Verarbeite die Informationen von Seite 24 bis 25 zu einem Hintergrundbericht.*
Schreibe zuerst die Aussagen der Journalisten und Mbvoumins in die indirekte Rede um (Hinweise auf Seite 10).
Verwende den Konjunktiv I oder II.

Talent-Scout: „Michel, du musst unbedingt nach Europa gehen."

Der Talent-Scout riet, dass ich unbedingt nach Europa gehen müsse. (Konj. I)

Talent-Scout: „Ich sorge dafür, dass du einen Profi-Vertrag bekommst und ein Star wirst."

Der Talent-Scout versprach, dass ich einen Profi-Vertrag bekäme und ein Star würde. (Konj. II)

Braun/Kohla: „Die Regel sind talentierte junge Kicker, die in einer unteren europäischen Liga kicken und nach Auslaufen ihres Vertrags ohne Visum dastehen. Reich werden ihre ‚Scouts'."

In einem Interview betonten die Journalisten Braun und Kohla, dass die meisten talentierten jungen Kicker nur in einer unteren europäischen Liga kickten und ______

Mbvoumin: „Betrügerische Agenten nehmen den Jugendlichen oft ihre Papiere und ihr Geld ab. Dazu streichen sie noch Prämien von Vereinen ein."

Mbvoumin, der Gründer des Vereins „Foot Solidaire", hob in einem Interview hervor, dass ______

______

______

Elliesen: „2001 hat der Weltfußballverband Fifa die Tansferregeln verschärft. Seitdem ist die Verpflichtung von minderjährigen Spielern über Ländergrenzen hinweg verboten. Doch Vermittler und Clubs finden immer wieder Schlupflöcher – zum Beispiel, indem sie die Spieler als Studenten getarnt ins Ausland schaffen."

Der Journalist Elliesen wies darauf hin, dass der Weltfußballverband Fifa zwar ______

______

Aber Elliesen machte zugleich auch darauf aufmerksam, ______

______

Zum Beispiel ______

So schreibst du leserfreundlich
Verknüpfe die Informationen sinnvoll, zum Beispiel mit Formulierungen wie diesen:
Es ist zu erkennen, dass ..., Diese Erfahrungen geben einen Einblick in ..., Berücksichtigt man dies, dann ...
Verwende auch passende Konjunktionen, z. B.: *weil, indem, denn*

7 *Der zweite Abschnitt:*
Verarbeite die Informationen über afrikanische Nachwuchsfußballer (Seite 26) und die Sätze in indirekter Rede aus Aufgabe 6.
Du kannst folgendermaßen beginnen:

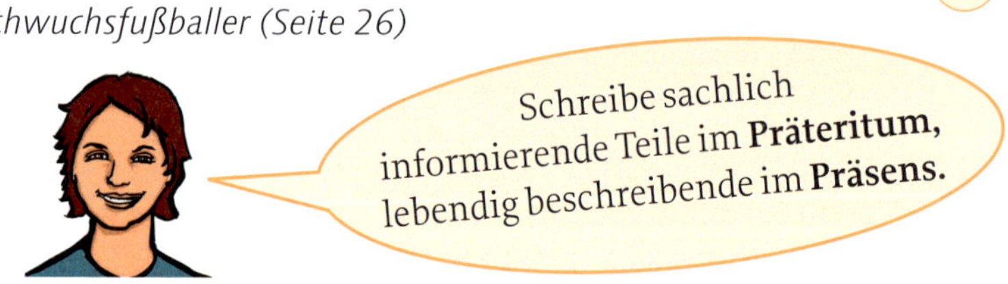

Ähnliche Erfahrungen wie Michel machen auch viele andere afrikanische Jung-Fußballer. Agenten oder Scouts suchen in Afrika nach talentierten Kickern und locken sie mit großen Versprechungen nach Europa, die sie allerdings in der Regel nicht einhalten. In einem Interview sagten zum Beispiel die Journalisten Braun und Kohla, die sich ausführlich mit dem Thema beschäftigt haben, dass ______

______

______

______

______

______

______

Die Einleitung schreiben

8 *Welche der beiden Einleitungen ist für einen Hintergrundbericht geeignet?*
Prüfe die Merkmale und begründe deine Wahl:
- *Sind Thema und Ziel des Berichts genannt?*
- *Ist ein interessantes Beispiel gegeben?*
- *Ist die Sprache sachlich?*

A *Immer wieder gehen krasse Berichte über junge Afrikaner durch die Medien, die gerne Fußballstars werden wollen und von betrügerischen Agenten nach Europa verfrachtet werden. Das finde ich echt schlecht.*

B *Jedes Jahr werden Tausende junge Afrikaner nach Europa vermittelt, um Fußballstars zu werden. Jedoch wird meist nichts aus einer Profikarriere. Der 16-jährige Michel beispielsweise flog am 15. Dezember 2010 von Paris zurück nach Douala, nachdem sein Traum von einer Fußballkarriere in Europa während seines fünfmonatigen Aufenthalts in Paris geplatzt war.*

Ich halte Einleitung ______ für gelungen, weil ____

____

Den Schluss(satz) schreiben

9 *Welcher Schluss(satz) ist geeignet? Wähle aus und begründe deine Wahl.*

A *Anders als Michel entschied sich der afrikanische Jung-Kicker Dida: Er blieb nach seinem Scheitern bei uns in Deutschland.*

B *Ich finde es nicht richtig, dass die afrikanischen Jugendlichen derartig ausgenutzt werden.*

C *Gerade weil so viele junge Afrikaner ihren großen Fußballvorbildern nacheifern, werden sie anfällig für unseriöse Berater und fallen ihnen oft zum Opfer.*

Schluss(satz) ______ ist geeignet, weil ____

____

Den Hintergrundbericht überarbeiten

10 *Schreibe einen zusammenhängenden Hintergrundbericht in dein Heft.*
Verwende dabei deine Arbeitsergebnisse von Seite 24 bis 29.
Überarbeite dann deinen Text mit Hilfe der folgenden Checkliste.

✓ Checkliste: Einen Hintergrundbericht schreiben

- ☐ **Recherchiere** sorgfältig: Sammle Materialien, die Antworten auf die W-Fragen geben.
- ☐ **Ordne** die Informationen **sinnvoll.**
- ☐ **Gliedere** den Hintergrundbericht in Einleitung, Hauptteil und Schluss(satz).
- ☐ Schreibe **informierende Teile** in **sachlicher Sprache** und im **Präteritum.**
- ☐ Formuliere **beschreibende Teile** lebendig und im **Präsens.**
- ☐ Gib Aussagen Dritter in **indirekter Rede** oder in wörtlicher Rede wieder. Beides ist richtig.
- ☐ Überprüfe Grammatik, Rechtschreibung und Zeichensetzung.

Eine Reportage schreiben

Informationen sammeln und auswerten – Drahtseilakt im Ruhrgebiet

1 *Lies den Text auf dieser Website.*
Kläre die Bedeutung unbekannter Wörter, zum Beispiel „imposant" oder „bizarr".
Markiere Schlüsselwörter.

www.landschaftspark.de/de/derpark/freizeitangebot/hochseil/index.html

Hochseilparcours

Viele Abgründe und trotzdem ein Weg

Eisen und Stahlkonstruktionen,
flackernde Lichter, Abgründe und
ein „Weg", der dich vom sicheren Boden
auf immer unglaublichere Weise
in die Höhen des Ruhrgebiets entführt.
Wankende Brücken und
abenteuerliche Seilkonstruktionen
bringen dich zu den imposantesten und
bizarrsten Eindrücken,
die das ehemalige Hüttenwerk zu bieten hat.
Verbunden mit deinem Team und
doch auf dich allein gestellt,
bist du es,
der sich überwinden wird ...

2 *Fasse die Informationen aus dem Text kurz mit eigenen Worten zusammen.*

Das Besondere des Kletterangebots besteht darin, dass ______________________

____

____

Ihr plant einen Klassenausflug in den Landschaftspark Duisburg-Nord. Du hast der Redaktion eurer Schülerzeitung versprochen, anschließend eine Reportage über den Hochseilparcours zu schreiben.

Eine **Reportage** will nicht nur informieren, sondern auch unterhalten und das Geschehen möglichst unmittelbar miterleben lassen.
Ein/e Reporter/in ...
- berichtet ausführlich über ein Ereignis/Erlebnis, indem er/sie **sachlich informiert,** auch über Hintergründe des Geschehens, und **anschaulich schildert,** sodass beim Lesen Bilder im Kopf entstehen.
- **zitiert** Betroffene **wörtlich.**
- **bewertet** und **kommentiert** das Ereignis/Erlebnis.

3 *Lies die Materialien.*
Kläre die Bedeutung dir unbekannter Wörter und markiere Schlüsselwörter.

Material 1: Der Landschaftspark Duisburg-Nord

Für den Landschaftspark Duisburg-Nord wurde eine große Industriebrache neu gestaltet: Ein riesiges, altes Industriegelände, das nicht mehr als solches genutzt wurde, bekam ein neues Gesicht. Früher befand sich das Hüttenwerk Meiderich auf dem Gelände, es war 1903 in Betrieb gegangen. Damals boomte die deutsche Wirtschaft. Der Bedarf an Eisen und Stahl war groß. Das vormals ländliche Gebiet am Ufer der Ruhr wurde in kurzer Zeit zur größten Industrieregion Deutschlands. Das Hüttenwerk Meiderich produzierte Roheisen als Vorprodukt für die Thyssen'schen Stahlwerke. In den 1970er-Jahren kam es zum Niedergang der Stahlindustrie und der Betrieb wurde nach und nach stillgelegt. 1985 kam das endgültige Aus.
Seit 1989 wurde das Industriegelände in einen modernen Freizeitpark umgestaltet. Neben Kulturveranstaltungen gibt es heute im Landschaftspark gleich mehrere Angebote zur Freizeitgestaltung, besonders viele jedoch für sportlich Interessierte. Wirklich spektakulär ist der Hochseilparcours „Expedition Stahl".

Material 2: „Expedition Stahl" – der Hochseilparcours im Landschaftspark

Die „Expedition Stahl" bietet eine Möglichkeit, das Ruhrgebiet aus der Höhe zu erleben. Man bekommt eine Vorstellung davon, wie es früher war. Der Hochseil-Klettergarten führt durch einen Teil der ehemaligen Hütte. Er beginnt in fünf Metern Höhe. Nach und nach hangelt man sich am Hochofen vorbei bis ins Dach der ehemaligen Gießhalle, wo früher das flüssige, 2000 Grad heiße Eisen aus dem Hochofen floss. Im Hochseilgarten geht es dann mit professionellen Kletterlehrern in einer Gruppe über Brücken und Seile durch die Industriekulisse. Steigt man bis ganz nach oben, hat man bei gutem Wetter einen Ausblick auf Duisburg und das ganze westliche Ruhrgebiet.

Schreibplan für die Reportage
- ☐ Die **Einleitung** nennt das Thema und weckt die Neugier der Leser.
- ☐ Der **Hauptteil** stellt in erkennbarer und sinnvoller Reihenfolge das Ereignis/Erlebnis dar, er informiert, wertet/kommentiert und unterhält.
- ☐ Der **Schluss(satz)** rundet das Thema ab: *Ein rundum gelungener Klassenausflug.*

4 *Diese inhaltlichen Punkte sollen in deiner Reportage vorkommen.*
Ordne sie in sinnvoller Reihenfolge: Arbeite im Heft deine Gliederung für die Reportage aus.

Einstieg: mitten im Geschehen der „Expedition Stahl"
Schilderung des Wegs über die Hängebrücke
Vergangenheit: Information zum Hüttenwerk Meiderich
persönliche Wertung
Gegenwart: Information zum Landschaftspark Duisburg-Nord
Information zur „Expedition Stahl"
Kommentar
Ereignis/Erlebnis: eigene Teilnahme an der „Expedition Stahl"

Einleitung: *Einstieg: mitten im Geschehen der „Expedition Stahl"*

Hauptteil:
Ereignis/Erlebnis: eigene Teilnahme an der „Expedition Stahl"
Information zur „Expedition Stahl"
Vergangenheit: ...

Schluss: *...*

Den Hauptteil schreiben

Eine lebendige Reportage enthält
- Gedanken, Gefühle,
- wörtlich wiedergegebene **Zitate** der Beteiligten (Hinweise dazu auf Seite 10).

Sie steht meist im **Präsens,** aber es können auch Abschnitte im Präteritum vorkommen.

Um die Reportage **abwechslungsreich** zu gestalten, kannst du folgende Bestandteile mischen:
- Schilderung eines Ereignisses/Erlebnisses,
- Darstellung von Hintergrundinformationen,
- persönliche Bewertung/Kommentar.

5 *Lies den folgenden Abschnitt aus einer Reportage, er umfasst Schilderungen eines Ereignisses, Hintergrundinformationen und einen Kommentar.*
Markiere die drei Bestandteile in unterschiedlichen Farben und notiere am Rand, worum es sich handelt.

„Eine Mischung aus ‚Industrial Culture' und einem außergewöhnlichen körperlichen Erlebnis", las ich im Internet zur „Expedition Stahl". Und weiter hieß es: „Eisen und Stahlkonstruktionen, flackernde Lichter, Abgründe und nur ein ‚Weg', der dich vom sicheren Boden auf immer unglaublichere Weise in die Höhen der Location entführt. Wankende Brücken und abenteuerliche Seilkonstruktionen erfordern allen Mut. Als Belohnung bekommst du die imposantesten Eindrücke, die das ehemalige Industrieareal zu bieten hat." Ja, das klang ganz schön aufregend und verlockend. Und da ich nicht ohne sportlichen Ehrgeiz bin, meldete ich mich zur Teilnahme an der „Expedition Stahl" an. Ich musste unbedingt einmal das alte und neue Ruhrgebiet von oben erleben! Bei der einstigen Industrieanlage handelt es sich um die Meidericher Eisenhütte in Duisburg. Sie wurde ab 1901 gebaut, nahm ab 1903 ihren Betrieb auf und produzierte Roheisen, das für die Herstellung von Stahl benötigt wurde. Bedingt durch eine weltweite Überproduktion von Stahl wurde die Anlage seit den 1950er-Jahren nach und nach stillgelegt. 1985 wurde sie endgültig geschlossen. Glücklicherweise hat man die Eisenhütte nicht abgerissen, sondern zu einem riesigen modernen Freizeitgelände umgestaltet.

6 *Fasse stichwortartig zusammen, welche verschiedenen inhaltlichen Aspekte in den drei Bestandteilen des Textauszugs oben beleuchtet werden.*

Zeile : Infos zur „Expedition Stahl":

Zeile

Zeile

7 *Formuliere kurz und übersichtlich Hintergrundinformationen zum heutigen Landschaftspark Duisburg-Nord. Du kannst dabei folgende Fakten nennen:*

seit 1989 Umgestaltung des alten Industriegeländes zum modernen Freizeitpark | Klettergarten | viele Veranstaltungen und Führungen | Sportangebote | Hochseilparcours | Ruhrgebiet und seine Geschichte | Tauchsportzentrum

Seit 1989 wurde das alte Industriegelände zum modernen Freizeitpark umgestaltet.

Die **Sprache** sollte so anschaulich und lebendig wie möglich sein:
- □ Verwende anschauliche Formulierungen,
- □ zitiere wörtlich,
- □ bringe Fragen ein und gib selbst Anworten darauf.

8 *Verfasse einige Sätze, mit denen du – nach Ankunft im Landschaftspark – in anschaulicher Weise ein Bild vom Ort und seiner Atmosphäre vermittelst. Gehe auf das ein, was du siehst und was du fühlst.*

Ja, und heute ist es endlich so weit! Ich bin im Landschaftspark. Vor mir erstreckt sich ein riesiges Gelände. Ein Gewirr von Stahlgerüsten, Rohren, Kesseln schraubt sich in die Höhe. Und da soll ich gleich drin rumklettern? Mir wird schon ganz mulmig. Dort, die Hochöfen!

Hauptaufgabe einer Reportage ist es, einen sinnlichen Eindruck des Erlebnisses zu vermitteln.
Dazu ist es wichtig, **Sinneseindrücke** zu schildern, also Sichtbares, aber auch Geräusche, Geschmack, Gerüche und Empfindungen.

9 *Schildere als Höhepunkt deiner Reportage ausführlich die Überquerung der Hängebrücke. Beschreibe lebendig, was du während der Überquerung siehst, hörst und fühlst. Die Beispielformulierungen helfen dir dabei. Schreibe in dein Heft.*

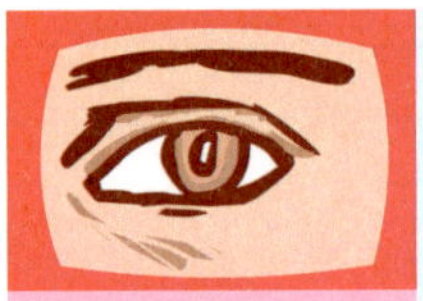

Hängebrücke in 30 Meter Höhe | kein Geländer | fehlende Sprossen | unten Gewirr | lediglich Seil über den Sprossen | Rohre alt und verrostet | von Rohren | nach ungefähr 40 Metern sicheres Geländer

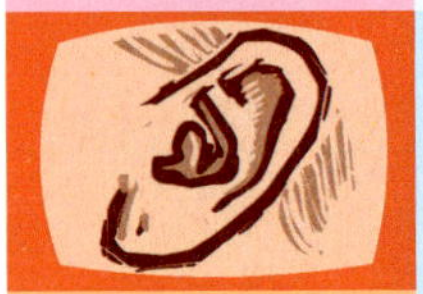

Stille, nur ab und zu unterbrochen vom Kletterlehrer und Teilnehmern der Kletterexpedition

Zitate Kletterlehrer: Gehe gleichmäßig im Takt! | Nur Mut! Noch niemand hat die Tour abgebrochen. | Es ist wichtig, in die Mitte der Bretter zu treten.

Zitate Teilnehmer: Du schaffst es! | Schau nicht nach unten und geh einfach ruhig weiter!

Angst | Brücke wackelt | schaukelt | schwankt | verkrampfte Hände | weiche Knie | rasendes Herz | Siegestaumel

Und nun muss ich die Hängebrücke entlang. Höhe: 30 Meter. Es gibt kein Geländer und es fehlen Sprossen. Lediglich ein Seil hängt über den Sprossen. Gnade! „Nur Mut!“, sagt der Kletterlehrer. „Noch niemand hat die Tour abgebrochen.“ Ich betrete die Brücke. Sie wackelt sehr. Aber ich muss mich überwinden, will mir ja schließlich keine Blöße geben. Ich mache weitere Schritte …

Die Einleitung schreiben

10 *Lies die Einleitungen, die für Reportagen über den Hochseilparcours verfasst wurden. Bewerte jede Einleitung: Streiche durch und begründe. Kreuze dann die Einleitung an, mit der du deine Reportage beginnen willst.*

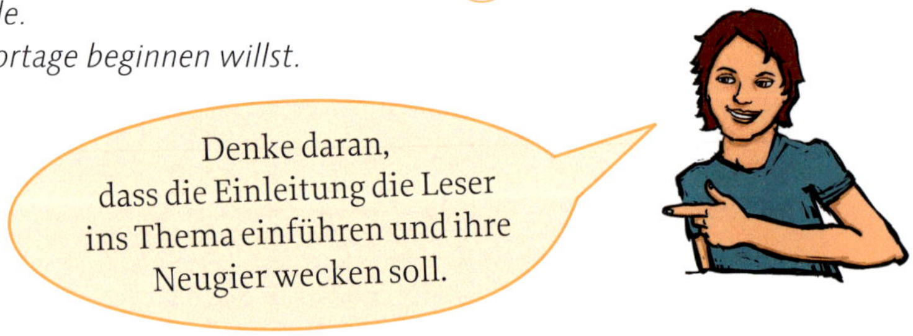

☐ **A** *In dieser Reportage geht es um einen Besuch im Landschaftspark Duisburg-Nord und eine Klettertour, die ich dort mitgemacht habe. Es handelte sich um die „Expedition Stahl“.*

Der Einstieg **A** ist gelungen/weniger gelungen, weil ____________________

____

☐ B *Da ist ja schon das nächste Hindernis. Eine Hängebrücke! Sie ist schätzungsweise 50 Meter lang und 30 Meter hoch und hängt zwischen den Resten des einstigen Hochofens des Werks in Duisburg. Wie soll ich es bloß schaffen, da hinüberzukommen?*

Der Einstieg B ist gelungen/weniger gelungen, weil ____

____

☐ C *„Weiter!", rufen die anderen Teilnehmer der Kletterexpedition. Ich befinde mich auf einer Hängebrücke, die zwischen den Überresten eines einstigen Hochofens auf einem stillgelegten Industriegelände in Duisburg befestigt ist. Ich bin Teilnehmerin des abenteuerlichen Hochseilparcours „Expedition Stahl". Werde ich das Abenteuer bestehen?*

Der Einstieg C ist gelungen/weniger gelungen, weil ____

____

Den Schluss(satz) formulieren

Der Schluss rundet das Thema ab. Er kann noch einmal auf die Einleitung zurückgreifen oder abschließend einen besonders interessanten Aspekt oder eine Wertung enthalten.

11 *Wähle einen der beiden Schlüsse aus. Du kannst aber auch einen eigenen formulieren.*

☐ A *Als ich wieder festen Boden unter den Füßen habe, beruhige ich mich schnell. „War doch halb so schlimm, oder?", frage ich die anderen. Aber so recht will mir keiner zustimmen.*

☐ B *Wir alle haben den Klettergarten bewältigt! Das war ein toller und ganz schön abenteuerlicher Klassenausflug.*

____

____

____

Die Reportage überarbeiten

12 *Schreibe deine Reportage am Computer und überprüfe sie mit Hilfe der folgenden Checkliste.*

✓ Checkliste: Eine Reportage schreiben

- ☐ Formuliere eine **Einleitung**, die das Thema nennt und Neugier weckt.
- ☐ Gliedere den **Hauptteil** der Reportage sinnvoll. Du kannst zwischen Hintergrundinformationen und schildernden, lebendig beschreibenden Abschnitten wechseln.
- ☐ Verwende das **Präsens,** für Hintergrundinformationen ist auch das Präteritum möglich.
- ☐ Gib Äußerungen Dritter als **wörtliches Zitat** wieder.
- ☐ Schreibe sprachlich anschaulich und **lebendig,** zum Beispiel mit direkter Rede, Fragen/Antworten usw.
- ☐ Runde am **Schluss** das Thema ab.
- ☐ Überprüfe Grammatik, Rechtschreibung und Zeichensetzung.

Argumentieren – Schriftlich Stellung nehmen

Informationen sammeln und verarbeiten – Leistungssport für Jugendliche, ja oder nein?

Im Jahr 2010 fanden in Singapur die ersten Olympischen Spiele für Jugendliche statt. 3 600 Jugendliche aus 205 Ländern nahmen teil, darunter 70 junge Menschen aus Deutschland. Alle waren zwischen 14 und 18 Jahren alt und traten in 26 Sportarten gegeneinander an. Die meisten von ihnen sind längst Leistungssportler. Das bedeutet, sie trainieren mehrere Stunden pro Tag.
Ob derart junge Menschen bereits Leistungssport betreiben sollten, ist eine strittige Frage: Manche sind streng dagegen, andere stimmen unter gewissen Voraussetzungen zu, wieder andere haben keine Einwände dagegen.

1 *Lies die folgenden Dialoge und stelle fest, welche Meinungen die Gesprächspartner haben. Schreibe deine Ergebnisse auf.*

Tim ist der Überzeugung, dass ____________________

Tims Vater hingegen meint, dass ____________________

Der Lehrer vertritt die Ansicht, dass ____________________

Demgegenüber ist die Journalistin der Meinung, dass ____________________

Stellung nehmen heißt, die eigene Meinung zu einer (strittigen) Frage oder zu einem Problem zum Ausdruck zu bringen. Dies gelingt durch eine überzeugende **Argumentation:**

- Ausgangspunkt einer Argumentation ist die **These** (zum Beispiel eigene Meinung, Behauptung).
- Die These wird durch **Argumente** begründet.
- Argumente werden durch **Beispiele** oder **Belege** gestützt.

Um überzeugend argumentieren zu können, ist es notwendig, sich vorab Informationen über den Sachverhalt zu verschaffen, um den es geht.

Die Frage „Leistungssport für Jugendliche, ja oder nein?" ist als Thema für die nächste Ausgabe der Schülerzeitung geplant. Ihr habt in eurer Klasse lange darüber diskutiert. Du sollst einen Beitrag zu dieser Frage schreiben.

2 *Lies die Meinungen der Experten und notiere, ob sie für (+) oder gegen (–) Leistungssport sind.*

Es ist wichtig, dass junge Menschen in unserer modernen Leistungsgesellschaft auch lernen, Leistung zu erbringen. Der Leistungssport bietet sich dafür an, denn er fördert Selbstvertrauen, Zielstrebigkeit und Selbstdisziplin.

Heiner Henke, Pädagoge (______)

Leistungssport ist problematisch, weil er einfach zu zeitintensiv ist. So bleibt den Jugendlichen zu wenig Zeit für die Schule und sie lernen nur das Nötigste. Hinzu kommt, dass sie auch ihre anderen Hobbys und ihre Kontakte vernachlässigen.

Silke Brenner, Psychologin (______)

Leistungssport trägt zur Entfaltung des sportlichen Potenzials bei, wenn das Training gut ist, also wenn der Leistungsaufbau der körperlichen und mentalen Entwicklung entspricht und eine einseitige Spezialisierung verhindert wird.

Anne Meier, Sportärztin (______)

Dass Leistungssport für junge Menschen schädlich sein kann, haben Untersuchungen gezeigt. So ist erwiesen, dass große und einseitige Belastungen bei noch nicht voll Ausgewachsenen zu Beschwerden führen können.

Lisa Skepti, Sportärztin (______)

3 *Wie begründen die Experten ihre Meinung?*
Lies die Meinungen noch einmal genau und unterstreiche die Argumente.

4 *Fasse die Sicht der Experten mit eigenen Worten zusammen.*
Schreibe jeweils einen Satz, der These und Argumente mit Hilfe von Konjunktionen verknüpft. Beispiel:

These — Komma — Konjunktion und Argument

Heiner Henke meint, dass Leistungsport gut ist, weil er auf das Leben in unserer Leistungsgesellschaft vorbereitet.

Silke Brenner ______________________________

____

Anne Meier ______________________________

____

Lisa Skepti ______________________________

____

Formulierungshilfen für Thesen:
Er/sie ist der Meinung, dass ... *Er/sie vertritt die Auffassung, dass ...*
Er/sie steht auf dem Standpunkt, dass ... *Er/sie ist der Ansicht, dass ...*
Konjunktionen: *da, weil, denn*

Argumente ordnen und gliedern

Ihr habt in eurer Klasse die Argumente der Experten und zusätzlich noch eigene Argumente stichpunktartig. Die Liste ist lang geworden, aber nicht alle Argumente sind überzeugend.

5 *a) Lies die Liste der Argumente und prüfe die Stichpunkte auf ihre Richtigkeit und Überzeugungskraft.*
b) Unterstreiche die drei Stichpunkte, die du am überzeugendsten findest.
c) Ergänze in Stichpunkten zwei eigene Argumente.

- ☐ 1 macht Spaß
- ☐ 2 große körperliche Belastung mit möglichen gesundheitlichen Risiken
- ☐ 3 nicht genügend Zeit für Computerspiele
- ☐ 4 zu wenig Zeit für Freunde
- ☐ 5 Stärkung des Selbstwertgefühls, der Zielstrebigkeit und Selbstdisziplin
- ☐ 6 gutes Training, gute Förderung
- ☐ 7 Beeinträchtigung der schulischen Leistungen
- ☐ 8 zu viel unterwegs
- ☐ 9 zu teure Sportbekleidung
- ☐ 10 Förderung von sportlichen Neigungen und Talenten
- ☐ 11 Teilnahme an der Jugend-Olympiade, super
- ☐ 12 einseitige Entwicklung
- ☐ 13 ______________________________
- ☐ 14 ______________________________

6 *Entscheide dich für die Position, die du in deiner Stellungnahme vertreten wirst. Kreuze an.*

Ich bin

- ☐ für Leistungssport für Jugendliche.
- ☐ gegen Leistungssport für Jugendliche.

7 *a) Gewichte die drei unterstrichenen Argumente aus Aufgabe 5 und berücksichtige auch eines deiner eigenen Argumente: Trage die Ziffern der Reihenfolge neben der Liste ein.*
b) Notiere die Argumente in dieser Reihenfolge.

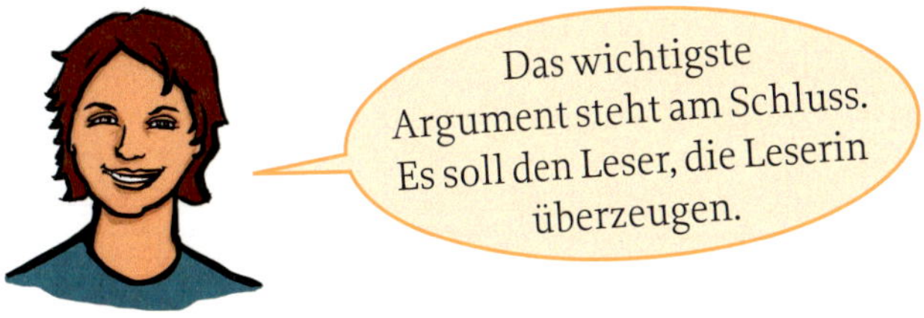

1. ______________________________

2. ______________________________

3. ______________________________

4. ______________________________

Schriftlich Stellung nehmen

Im Hauptteil
- formulierst du klar die eigene Meinung/**These** zum Thema,
- führst du die **Argumente** für die These nach ihrer Wichtigkeit auf (das wichtigste steht am Schluss),
- stützt du die Argumente mit **Beispielen** oder Belegen.

8 *Lies die folgenden Argumente, die der Liste entnommen sind.*

Leistungssport führt zu großen körperlichen Belastungen der Jugendlichen und kann gesundheitliche Risiken hervorrufen. (______)

Leistungssport fördert Selbstvertrauen, Zielstrebigkeit und Selbstdisziplin. (______)

Leistungssport ist bei einem guten und ausgewogenen Training förderlich. (______)

9 *Ordne die folgenden Belege/Beispiele den Argumenten aus Aufgabe 8 zu, indem du die Nummer des Belegs/Beispiels hinter das Argument schreibst.*

1 An einer Sporthochschule haben Spezialisten spezielle Trainingsmethoden entwickelt, die auf verschiedene Wachstumsphasen abgestimmt sind.

2 Untersuchungen haben gezeigt, dass große und einseitige körperliche Belastungen bei Jugendlichen im Wachstum zu Beschwerden führen können.

3 Aus Interviews mit Teilnehmern an der Jugend-Olympiade geht hervor, dass sich in ihrem Leben vieles um den Sport dreht und sie gewöhnt sind, bei großen Wettkämpfen gegen Sportler aus anderen Ländern anzutreten und zu bestehen.

10 *Versuche, die folgenden Argumente durch die vorgegebenen Beispiele/Belege zu untermauern, indem du sie ausformulierst. Orientiere dich am Beispiel.*

These: *Ich vertrete den Standpunkt, dass Jugendliche keinen Leistungssport treiben sollten,*
Argument: *weil er zu viel Leistungsdruck schafft.*

Beispiel/Beleg: *So haben Sportfachleute nachgewiesen, dass insbesondere bei Wettkämpfen um Medaillen großer Stress entsteht.*

(These) Ich bin gegen Leistungssport für Jugendliche,
(Argument) **weil** er zu viel Zeit in Anspruch nimmt.

Beispiel/Beleg: *So zeigt beispielsweise* ______________________________

____

____

Trainingsplan: mehrere Stunden Training pro Tag!

(These) Ich bin dafür, dass Jugendliche keinen Leistungssport treiben,
(Argument) **damit** ihnen mehr Zeit für Schulisches bleibt.

Beispiel/Beleg: *So zeigt beispielsweise* ______________________________

____

____

Notwendigkeit von Hausaufgaben, Teilnahme an Schulveranstaltungen

(These) Ich bin der Überzeugung, dass Leistungssport für junge Menschen ungünstig ist,
(Argument) **weil** Freundschaften vernachlässigt werden.

Beispiel/Beleg: ______________________________

____

____

Teilnahme an Treffen, Kinobesuchen, Ausflügen schwierig

11 *Formuliere ein weiteres Argument und untermauere es mit einem Beispiel/Beleg.*

(These) Ich bin für/gegen Leistungssport für Jugendliche,

(Argument) **weil** ______________________________

Beispiel/Beleg: ______________________________

____

____

Verknüpfungen für Belege/Beispiele:
ein Beispiel dafür ist — *man denke beispielsweise an* — *so weist XY darauf hin, dass …* — *dies erkennt man schon an …* — *des Weiteren* — *dies kann durch … belegt werden*

12 *Wähle passend zu deiner Meinung Formulierungshilfen für eine Stellungnahme zu der Frage „Leistungssport für Jugendliche, ja oder nein?"*
Arbeite die Formulierungshilfen zu einer überzeugenden Argumentation entweder für oder gegen den Leistungssport aus.
Falls dir ein wichtiges Argument fehlt, kannst du es ergänzen.

These: Ich bin für ...	
Argument 1:	Leistungssport als Mittel gegen das Abschlaffen vor Fernseher und Computer
Beleg/Beispiel:	Untersuchung, dass viele Jugendliche in der Pubertät immer unsportlicher werden
Argument 2:	Leistungssport stärkt das Selbstwertgefühl
Beleg/Beispiel:	körperliche Stärke, sportliche Erfolge, Sieger sein
Argument 3:	besondere Neigung und Talent für eine Sportart ausleben
Beleg/Beispiel:	Hobby wird für manche zum Beruf
weiteres wichtiges Argument:	______________________________

These: Ich bin gegen ...	
Argument 1:	Leistungssport beherrscht die ganze Freizeit
Beleg/Beispiel:	andere Freizeitinteressen verschwinden, Einseitigkeit
Argument 2:	Leistungssport = Doppelbelastung (Schule und Sport)
Beleg/Beispiel:	Anzahl der Schulstunden, Anzahl der Trainingsstunden anführen
Argument 3:	frühe Spezialisierung auf eine Sportart ist im Wachstum schädlich
Beleg/Beispiel:	Untersuchungen zeigen: falsches und einseitiges Training führt zu Schäden (zum Beispiel Verschleiß in Gelenken)
weiteres wichtiges Argument:	______________________________

Verknüpfungen für Argumente:
Ein Argument für/gegen ... ist *Ein weiteres Argument, das dafür/dagegen spricht, ist ...*
Weiterhin ... *Außerdem ...* *Ein weiterer Grund ...* *Besonders wichtig ist ...*

Ich bin dafür/dagegen, dass Jugendliche Leistungssport treiben.

Ein Argument, das dafür/dagegen spricht, ist

Die Einleitung
nennt das Thema und stellt nach Möglichkeit einen aktuellen Bezug her.

13 *Kreuze für jede der folgenden Aussagen zum Schreiben einer Einleitung an, ob sie zutrifft oder ob sie nicht zutrifft.*

Wenn ich die Einleitung zu einer Argumentation/Stellungnahme formuliere,	trifft zu	trifft nicht zu
A berücksichtige ich, für wen ich schreibe.	☐	☐
B versuche ich, das Interesse der Adressaten/Leser zu wecken.	☐	☐
C verrate ich meine Meinung erst am Ende.	☐	☐
D nenne ich das Thema.	☐	☐
E beziehe ich mich auf ein aktuelles Ereignis, das zum Thema passt.	☐	☐
F stelle ich meine Person vor.	☐	☐

14 *Welche dieser Einleitungen ist gut gelungen, welche weniger? Begründe deine Entscheidung.*

A *Wir haben in unserer Klasse darüber diskutiert, ob man schon in jungen Jahren auf Leistungssport getrimmt werden sollte. Ich werde im Folgenden einige Argumente dafür und dagegen nennen.*

gelungen/weniger gelungen, weil ______________________________

____

B *Leistungssport für Jugendliche? Ja, sagen die einen. Nein, die anderen. Ich bin Madeleine und gehöre zu „den anderen". Hier möchte ich darstellen, warum.*

gelungen/weniger gelungen, weil ______________________________

____

C *In Singapur fanden 2010 die ersten Olympischen Spiele für Jugendliche statt. Der Kampf um Medaillen ist hart und bringt schon junge Menschen zum Leistungssport. Aber der ist nicht unumstritten.*

gelungen/weniger gelungen, weil ______________________________

____

15 *Verfasse eine eigene Einleitung.*

____

____

____

____

____

____

Der Schluss
enthält ein abschließendes Urteil. Er kann auch einen Ausblick oder einen Appell/eine Mahnung anführen.

Verknüpfungen für den Schluss:
Insgesamt wird deutlich, dass ... *Zusammenfassend kann man sagen, dass* *Aus all diesen Gründen ...*
Alles in allem wird ganz klar, dass ... *Abschließend lässt sich sagen, dass ...*

16 *Formuliere jeweils einen Schlussteil, indem du die im Kasten enthaltenen Formulierungshilfen und die Stichworte verbindest.*

Leistungssport für Jugendliche trägt zur Entwicklung der Persönlichkeit bei

stärkt Selbstbewusstsein | Leistungssport sinnvoll

Leistungssport für Jugendliche muss abgelehnt werden | einseitige Belastung

wenig Zeit für Freunde | gesundheitliche Risiken

Die eigene Argumentation prüfen/überarbeiten

17 *Überprüfe deine Argumentation mit Hilfe der folgenden Fragen.*

✓ Checkliste: Schriftlich Stellung nehmen

- ☐ Sammle und ordne Informationen zum Thema.
- ☐ Entscheide dich für eine Meinung zur strittigen Frage und formuliere dazu eine These: *Ich bin für ...* oder *Ich bin gegen ...*
- ☐ Gliedere deine Stellungnahme in Einleitung, Hauptteil und Schluss.
- ☐ Stelle in der **Einleitung** das Thema und seine Wichtigkeit/Aktualität heraus.
- ☐ Führe im **Hauptteil** die Argumente steigernd (nach Wichtigkeit) an: Das wichtigste Argument steht am Schluss, weil es den Leser/die Leserin überzeugen soll.
- ☐ Stütze die Argumente durch Belege oder Beispiele.
- ☐ Formuliere im **Schluss** ein abschließendes Urteil.
- ☐ Verwende im Text sinnvolle Verknüpfungen und Konjunktionen.
- ☐ Prüfe abschließend Grammatik, Rechtschreibung und Zeichensetzung.

Die Rechtschreib-Strategien: wiederholen und anwenden

Beim Schreiben der meisten deutschen Wörter ist jedem Laut ein Buchstabe zugeordnet. Buchstaben werden zu Silben zusammengefasst, aus den Silben werden Wörter gebildet. Die **Sprechprobe** ist die wichtigste Strategie zur sicheren Rechtschreibung: **Sprich** die Wörter beim Schreiben **deutlich in Silben mit.**

Stolperstein: Lange Wörter

1 *a) Schreibe diese Wörter rund um das Thema „Berufe" als Eigendiktat ins Heft oder lasse sie dir diktieren.*

Ausbildungsberufsübersicht   Klimaanlagenbauer   Kältetechnikmechatroniker
Außentemperaturkontrolle   Kälteanlagenwartung   Planungsunterlagenerstellung

b) Was hast du beim Schreiben festgestellt? Kreuze für jede Aussage an, ob sie zutrifft oder nicht zutrifft.

	trifft zu	trifft nicht zu
A Ich verliere bei den langen Wörtern die Übersicht.	☐	☐
B Ich vergesse Buchstaben.	☐	☐
C Ich vertausche Buchstaben.	☐	☐

Prüfe, ob es so besser geht: **Sprich** die Wörter **deutlich in Silben.**
Zeichne **Silbenbögen** unter die Silben: Aus bil dungs be rufs ü ber sicht

2 *a) Wende den Tipp an und schreibe diese Wörter im Eigen- oder Partnerdiktat auf. Überprüfe die Schreibweise: Lies auch dazu in Silben, was du geschrieben hast.*

Bewerbungsunterlagenmappe   Berufsberatungstermin   Gleichstellungsbeauftragte
Einstellungsbedingungen   Aufgabenerledigung   Schlüsselfertigbaufirma
Weiterbildungsangebot   Berufseinsteigerseminar   Praktikumsberichtszensur

b) Kreuze die richtigen Aussagen an: Was sind Silben?

☐ Silben sind Sprecheinheiten.
☐ Jede Silbe enthält einen Vokal.
☐ Die meisten Silben bestehen aus mehreren Buchstaben.
☐ Silben haben immer die gleiche Anzahl von Buchstaben.

Zusammengesetzte Wörter schreibst du leichter richtig, wenn du die Bedeutung kennst: **Zerlege** ein zusammengesetztes Wort in seine Wortbestandteile. Die Bedeutung erschließt sich von hinten nach vorn:
Bewerbung**s**/unterlagen sind Unterlagen für die Bewerbung.
Aufgabe**n**/erledigung meint die Erledigung von einer oder mehreren Aufgaben.

3 *a) Trenne die langen Wörter aus Aufgabe 2 wie im Tipp vorgeschlagen.*
b) Untersuche: Ein Buchstabe verbindet die zusammengesetzten Wörter an einigen Stellen. Welcher ist es? Schreibe ihn auf.

4 *Die Sprechprobe hilft auch, Fremdwörter richtig zu schreiben:*
a) Wende dein Wissen über Silben an und unterlege die Wörter mit Silbenbögen (siehe Seite 44).
b) Kreuze an, welche Wörter du nicht kennst: Schlage die Bedeutung im Wörterbuch nach.
c) Schreibe die Wörter im Eigendiktat auf oder lasse sie dir diktieren.

Im Zentrum einer **Silbe** steht ein Vokal oder Doppelvokal: au, ei usw.
In Fremdwörtern können auch **zwei Vokale** vorkommen: Re la **tion**, Syn er **gie**.

Organisation	Milliarde	Billion	Batterien
Interaktion	Bakterien	Allergien	Produktion
Kalkulation	Konfiserie	Praktikum	Kooperation

Stolperstein: Wörter mit besonderen Buchstaben

5 *a) Lies diese Wörter und sprich sie deutlich aus.*

der Quark   die Quelle   die Qualle   quellen   quälen   quaken

b) Untersuche, warum qu häufig falsch geschrieben wird. Kreuze an:

- ☐ **qu** wird geschrieben, wie es gesprochen wird.
- ☐ **qu** schreibt man anders, als man es spricht.
- ☐ **qu** spricht man **kw.**

6 *Von hinten nach vorn gelesen findest du hier Wörter mit* ***qu.*** *Schreibe sie auf*

fpokreuQ ______	latrauQ ______
rebliskceuQ ______	etouQ ______
nemlauq ______	tardauQ ______
mronstätilauQ ______	reblaskcauQ ______
ffihcsreuQ ______	eppirtslessauQ ______
nehcsteiuq ______	ednuwhcstcuQ ______

7 *Wörter mit* ***y*** *kommen nur selten vor.*
a) Sprich die Wörter deutlich in Silben. Achte auf das ***y.***

Zylinder	Synthese	Python	Sylt	Byzanz	Cyanid	Pyrenäen
Zyste	Zyklon	Zyklop	Zyniker	Zyklus	Pyjama	Pyrotechniker

b) Untersuche und schreibe auf: **Y** spricht man oft wie ____ .

c) Schreibe die Wörter in alphabetischer Reihenfolge ab. Schlage die Bedeutung nach, wenn du ein Wort nicht kennst.

Strategiewissen: Verlängern

Stolperstein: Unklare Auslaute in Einsilbern

8 *a) Sprich die Wörter in Silben.*
Umkreise die Wörter, die du sprichst, wie du sie schreibst.
Kreuze die Wörter an, bei denen du anders sprichst, als du schreibst.
Markiere in diesen Wörtern die Stellen, die unklar sein können.

☐ Hefte ______	☒ Berg Berge	☐ Stifte ______
☐ Zug ______	☐ Land ______	☐ Schule ______
☐ Lob ______	☐ Tinte ______	☐ Strand ______
☐ Wand ______	☐ Weg ______	☐ Bild ______

b) Belege die Schreibung, indem du die angekreuzten Wörter um eine Silbe verlängerst.
Schreibe die verlängerten Wörter in die Tabelle.
c) Der problematische Buchstabe befindet sich am Wortende. Formuliere, was beim Verlängern passiert.
Schreibe einen Tipp auf, der das Verlängern erklärt.

Tipp: Stehen die Buchstaben **b** und **p**, **d** und **t** oder **g** und **k** am Schluss eines einsilbigen Wortes, klingen sie oft gleich. Dann weiß ich manchmal nicht, wie das Wort richtig geschrieben wird. Durch Verlängern kann ich das überprüfen.

Dazu muss ich ______

______

______

Strategiewissen: Zerlegen

Stolperstein: Unklare Laute in langen Wörtern

Tritt innerhalb eines zusammengesetzten Wortes ein Einsilber auf, kann der Laut an seinem Ende unklar sein:
Wild | leder | hand | schuhe, Garten | wind | licht.

9 *a) Lies die folgenden Wörter in Silben.*
Markiere den unklaren Buchstaben am Ende des Wortes mit dem Strategiezeichen, wie im Beispiel angegeben.

Bergwanderschuhe ______	Werkzeugbank ______
Farbprobe ______	Staubsaugerbeutel ______
Kalbsbraten ______	Windbeutelfüllung ______

Um die Schreibweise zu erklären, zerlegst du ein zusammengesetztes Wort in seine Wortbestandteile.
Verlängere den Einsilber, um die Schreibung des Auslauts zu klären. Stab | lampe → Stäbe

b) Bearbeite alle Wörter nach diesem Beispiel. Schreibe den verlängerten Einsilber hinter das Wort.

Strategiewissen: Die Silbenstruktur der Wörter erarbeiten

10 *a) Sprich die Wörter deutlich in Silben.*
b) Markiere die Silben mit Hilfe von Silbenbögen und untersuche sie.

meinen	schimpfen	legen	halten	pflegen	rechnen	finden
der Winter	die Weide	die Vögel	der Morgen	der Onkel	die Tulpe	der Braten
die Zelte	die Schule	die Tante	die Beute	der Garten	der Wagen	die Hefte

11 *Kreuze für die folgenden Aussagen an, ob sie zutreffen oder nicht zutreffen.*

		trifft zu	trifft nicht zu
A	Alle Silben haben einen Vokal oder einen Doppellaut.	☐	☐
B	Alle Silben enden mit einem Konsonanten.	☐	☐
C	Alle Silben enden mit einem Vokal.	☐	☐
D	Alle Silben enden entweder mit einem Vokal oder mit einem Konsonanten.	☐	☐

12 *Um die Schreibweise von zweisilbigen Wörtern zu erklären, ist die erste Silbe wichtig:*
Schau dir die Wörter in Aufgabe 10 noch einmal an und prüfe, wie die erste Silbe endet.
Lege eine Tabelle im Heft an und schreibe diese Wörter in die richtige Spalte.
Trage das Ergebnis deiner Untersuchungen ein und kreuze an.

Die **erste Silbe** des Wortes endet mit einem Vokal.
Sie ist **offen.**

Beispiel: meinen

Ergebnis – kreuze an:

☐ Den Vokal oder Doppellaut spricht man lang.

☐ Den Vokal spricht man kurz.

Die **erste Silbe** endet mit einem Konsonanten.
Sie ist **geschlossen.**

Beispiel: schimpfen

Ergebnis – kreuze an:

☐ Den Vokal spricht man lang.

☐ Den Vokal spricht man kurz.

Stolperstein: Einsilber

Um herauszufinden, ob die erste Silbe offen ist, musst du diese Wörter **verlängern.**

er holt – ho len → erste Silbe offen / Sturm – stür men → erste Silbe geschlossen

13 *Lies die Wörter. Markiere die Wortenden rot, bei denen man durch deutliches Sprechen die richtige Schreibweise nicht herausfindet.*
Setze, wo notwendig, das Strategiezeichen ↪.

er weint	er kneift	sie pflegt	sie hält	sie scheint	er läuft	er rutscht
das Buch	das Haus	die Maus	der Topf	der Stern	der Saft	das Rind
grün	blau	laut	rund	kurz	hart	weit

Tipp: Durch das Verlängern klärst du auch die Schreibweise am Ende eines Wortes.

14 *Setze die Tabelle aus Aufgabe 12 in deinem Heft fort:*
Trage die Wörter aus Aufgabe 13 in der verlängerten Form ein.

Mit Strategien Regeln finden: Wörter genau untersuchen

Wann werden Konsonanten verdoppelt?

Um Regeln herauszufinden, musst du dein Wissen über Silben anwenden (siehe Seite 47).

1 *Sprich die Wörter in Silben.*
Unterlege sie mit Silbenbögen.
Markiere den letzten Buchstaben der ersten Silbe rot.

die Rose – die Rösser | die Hüte – die Hütte | die Waben – wabbeln
der Samen – sammeln | die Schafe – schaffen | beten – die Betten

2 *Lege eine Tabelle im Heft an. Trage die Wörter aus Aufgabe 1 ein.*
Vergleiche sie miteinander und trage das Ergebnis deiner Untersuchung ein. Streiche Falsches durch.

Wörter mit einfachem Konsonanten	Wörter mit doppelten Konsonanten
...	...
Ergebnis – streiche Falsches durch:	**Ergebnis** – streiche Falsches durch:
Die erste Silbe ist geschlossen/offen.	Die erste Silbe ist geschlossen/offen.

3 *Jetzt kennst du* ***Regel 1 für Doppelkonsonanten:*** *Ergänze.*

Doppelte Konsonanten schreibt man nur, wenn die erste Silbe ______________ ist.

4 *Nicht immer wird der Konsonant verdoppelt, wenn die erste Silbe geschlossen ist.*
Lies die Wörter in Silben und unterlege sie mit Silbenbögen.
Markiere die Buchstaben an der Silbengrenze.

die Pumpe – der Pummel | halten – hallen | schwärmen – schwimmen
die Welten – die Wellen | die Kälte – der Keller | die Kante – die Kanne

5 *Ergänze die Tabellenüberschrift. Trage ein: gleiche oder unterschiedliche Konsonanten?*
Ordne die Wörter in deine Tabelle ein: Schreibe je zwei Wörter auf eine Linie.

Erste Silbe geschlossen (kurzer Vokal), an der Silbengrenze ...	
zwei ______________ Konsonanten	zwei ______________ Konsonanten
______________	______________
______________	______________
______________	______________

6 *Jetzt kennst du* ***Regel 2 für Doppelkonsonten:*** *Ergänze.*

Doppelte Konsonanten schreibt man nicht, wenn an der Silbengrenze zwei ______________ Konsonanten stehen.

Stolperstein: Einsilber

7 *Verlängere die Wörter und setze ein: **l** oder **ll**?*

der Fa ll – die Fälle der Wa___d – ______ wi___d – ______

die Qua___ – ______ sti___ – ______ der Sti___ – ______

8 *Trage die Verlängerungswörter in die Tabelle ein.*

erste Silbe offen	erste Silbe geschlossen	
	an der Silbengrenze: zwei **unterschiedliche** Konsonanten	an der Silbengrenze: zwei **gleiche** Konsonanten
______	______	______
______	______	______

Stolperstein: Zusammengesetzte Wörter

Zusammengesetzte Wörter musst du zerlegen, um die Schreibweise zu begründen.

Beispiel: das Schwimm|bad – schwim men

9 *Erkläre die Schreibweise der markierten Stellen, indem du die Wörter zerlegst (siehe Seite 44).*

die Baumwollstrumpfhose – ______

die Schaffelljacke – ______

die Stiftsockellampe – ______

Körperfettmessgerät – ______ und ______

10 *Finde im Wortgitter neun Tätigkeits- oder Berufsbezeichnungen, in denen drei gleiche Konsonanten vorkommen.*
Prüfe, wie man Frauen bezeichnet, die diese Tätigkeiten ausführen.
Schreibe die weiblichen Formen ins Heft und erkläre die Schreibweise durch Zerlegen.

R	I	P	A	S	S	S	T	R	A	S	S	E	N	S	P	E	R	R	E	R	N
G	G	X	P	R	O	Z	E	S	S	S	T	E	U	E	R	E	R	W	V	Q	D
M	E	T	A	L	L	L	A	M	P	E	N	H	E	R	S	T	E	L	L	E	R
K	O	N	T	R	O	L	L	L	E	U	C	H	T	E	N	B	A	U	E	R	X
A	L	O	S	C	H	W	I	M	M	M	E	I	S	T	E	R	S	Z	H	C	Q
B	A	L	L	E	T	T	T	Ä	N	Z	E	R	W	T	C	S	R	D	H	B	L
I	M	B	I	S	S	S	T	U	B	E	N	B	E	S	I	T	Z	E	R	Z	P
W	M	Q	S	C	H	I	F	F	F	A	H	R	T	S	K	A	P	I	T	Ä	N
S	C	H	N	E	L	L	L	Ä	U	F	E	R	C	K	X	A	N	Z	F	C	A

Besondere doppelte Konsonanten: ck und tz

Beachte: **kk** schreibt man **ck.**
Man spricht bac ken,
aber beim Schreiben trennt man: ba-cken.

11 *Sprich die Wörter in Silben und unterlege sie mit Silbenbögen.*
Markiere die Buchstaben an der Silbengrenze rot.
Untersuche die Schreibweise und notiere deine Ergebnisse:
Kreuze an.

der Ha ken   das Paket
spuken   häkeln

Ergebnis – kreuze an:

- ☐ Die erste Silbe ist offen.
- ☐ Die erste Silbe ist geschlossen.
- ☐ An der Silbengrenze hört man einen Konsonant.

die Har ke   der Erker
spurten   schenken

Ergebnis – kreuze an:

- ☐ Die erste Silbe ist offen.
- ☐ Die erste Silbe ist geschlossen.
- ☐ An der Silbengrenze hört man zwei gleiche Konsonanten.
- ☐ An der Silbengrenze hört man zwei unterschiedliche Konsonanten.

die Hec ke   spucken
schicken

Ergebnis – kreuze an:

- ☐ Die erste Silbe ist offen.
- ☐ Die erste Silbe ist geschlossen.
- ☐ An der Silbengrenze hört man zwei gleiche Konsonanten.
- ☐ An der Silbengrenze hört man zwei unterschiedliche Konsonanten.

12 *Sprich die Wörter in Silben.*
Unterlege sie mit Silbenbögen.
Markiere die Buchstaben an der Silbengrenze rot.

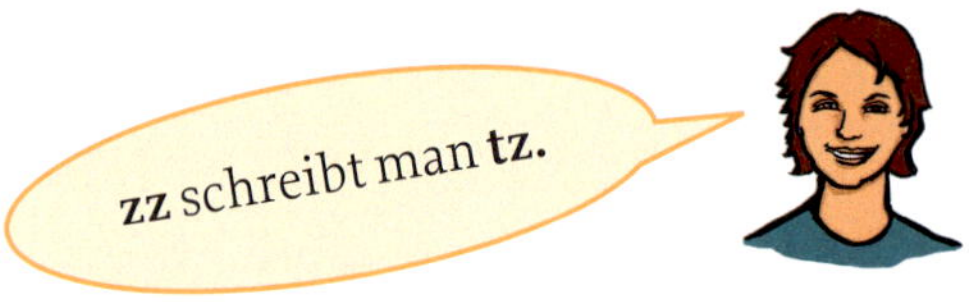

die Ker ze   die Kapuze   die Schürze   nutzen   scherzen   Weizen   die Warze
beizen   putzen   purzeln   hetzen   seufzen   ritzen   witzeln

13 *a) Lege im Heft eine Tabelle mit drei Spalten an. Gib ihr diese Überschriften:*

offene Silbe	**geschlossene Silbe**	
	zwei unterschiedliche Konsonanten	**zwei gleiche Konsonanten** (hier tz)
...	...	...

b) Ordne die Wörter aus Aufgabe 12 in diese Tabelle ein.

Stolperstein: Einsilber

14 *a) Trage die fehlenden Buchstaben ein.*

k oder ck?	**z oder tz?**
der Fle___ das Glü___ der Kal___ der Ru___	der Ar___t Scher___ Wi___ Tro___
er/es: den___t de___t len___t	er/es: schwi___t schwän___t schü___t
flin___ kran___ wel___ di___	spi___ der Glan___ stol___ geri___t

b) Trage die verlängerten Wörter in die Tabelle aus Aufgabe 13 ein.

Die s-Laute

s, ss oder ß?

15 *a) Lies die Wörter deutlich in Silben.*

das Glas | heiß | der Kuss | der Hals | muss

das Gras | der Spaß | der Pass | die Gans | hasst

b) Untersuche die Wörter und kreuze die zutreffende Antwort an:

- ☐ Die s-Laute unterscheiden sich deutlich.
- ☐ Die s-Laute klingen alle gleich.

c) Schreibe die Verlängerungsformen der Wörter ins Heft.
d) Sprich die Verlängerungswörter deutlich in Silben:
Markiere die Buchstaben an der Silbengrenze.
Unterstreiche die Wörter, bei denen die erste Silbe geschlossen ist.

16 *Ordne die Wörter mit geschlossener erster Silbe aus Aufgabe 15 c in die Tabelle ein.*

erste Silbe geschlossen	
zwei unterschiedliche Konsonanten	**zwei gleiche Konsonanten**

Ergebnis – kreuze an:

Der s-Laut klingt im verlängerten Wort
- ☐ stimmhaft (summend).
- ☐ stimmlos (zischend).

Ergebnis – kreuze an:

Der s-Laut klingt im verlängerten Wort
- ☐ stimmhaft (summend).
- ☐ stimmlos (zischend).

17 *Verlängere diese Wörter und trage sie in die Tabelle von Aufgabe 16 ein.*

er bremst | sie lässt | Krebs

Bass | er frisst | ernst

s oder ß?

18 *Finde fünf weitere Beispielwörter für jede Spalte der Tabelle.*

erste Silbe offen	
Wörter mit s	**Wörter mit ß**
die Glä ser, die Gän se	hei ßer, die Spä ße
Ergebnis – kreuze an: Das s klingt im verlängerten Wort ☐ stimmhaft (summend). ☐ stimmlos (zischend).	**Ergebnis** – kreuze an: Das s klingt im verlängerten Wort ☐ stimmhaft (summend). ☐ stimmlos (zischend).

19 *Trage ein: s der ß?*

die Ma___ern   das Ga___   spie___ig   er la___   mie___   drau___en

hei___   der Flei___   das Ma___   die Blu___e   au___en   der Kie___

fa___eln   das Gefä___   der Kä___e   der Fra___

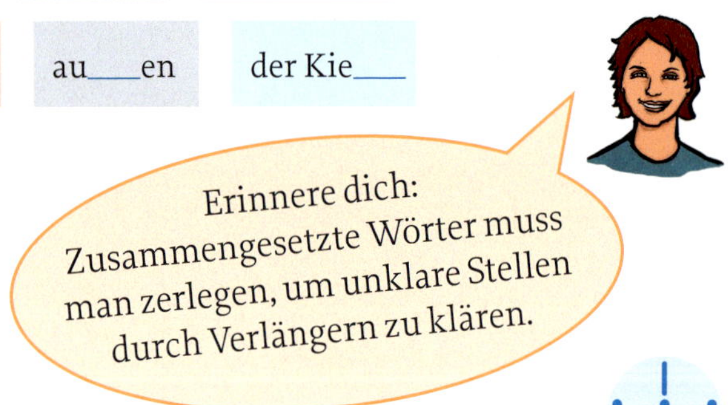

20 *Kläre die Schreibweise und trage ein: s oder ß?*

Gra___ | flecken – gra sen, also: Grasflecken ___

Wei___würstchen – ___ also: ___

Ga___geruch – ___ also: ___

Schlie___fach – ___ also: ___

Ma___band – ___ also: ___

Bewei___material – ___ also: ___

21 *Diese Wörter enthalten Fehler.*
Verbessere diese Fehler, indem du zerlegst und verlängerst.

VORSICHT FEHLER!

Biogaßanlage – ___   Weißheitszähne – ___

Glassbläser – ___   Massanzug – ___

Weiswursthersteller – ___   Fussballschuhe – ___

Zusammenfassung: Merkmale der s-Schreibung

22 *Finde für jede Spalte drei Beispielwörter.*

Silbe offen		Silbe geschlossen	
die Ro se	die Ma ße	die Tren se	die Tras se
Der s-Laut wird stimmhaft gesprochen.	Der s-Laut wird stimmlos gesprochen.	An der Silbengrenze stehen zwei verschiedene Konsonanten.	An der Silbengrenze stehen zwei gleiche Konsonanten (Doppelkonsonant).

Manchmal musst du Vor- oder Nachsilben abtrennen, um verlängern zu können:
pässl lich – passen unfasslich – fassen

23 *Trenne die Wörter in der Wortschlange ab.*
Wende die Strategien an und entscheide: ***s, ss*** *oder* ***ß?***
Erkläre die Schreibweise im Heft: Achte beim Schreiben auch auf die Großschreibung.

unmä?igunerme?lichgenü?lichspa?igunlö?barlö?lichdrei?igme?barfel?igschlie?lich prei?lichnachwei?lichunzerrei?barverzin?barfie?linghäu?lichsprö?ling sü?lichgenie?bar

Bei unregelmäßigen Verben können **ss** und **ß** wechseln:
essen – er aß, denn: wir aßen – Er hat gegessen.

24 *Fülle die Spalten der Tabelle aus.*

schließen	er	er hat
	er ließ	
		er hat gegessen
gießen		
	er biss	
sitzen		

Merken musst du dir die Vorsilbe *miss-*. Sie bedeutet „nicht gut“.

25 *Schreibe fünf Wörter mit der Vorsilbe* ***miss-*** *auf. Du kannst in einem Wörterbuch nachschlagen.*

Wann schreibt man i und wann ie?

26 *a) Sprich diese Wörter in Silben.*
b) Unterlege sie mit Silbenbögen.
c) Markiere die Buchstaben an der Silbengrenze rot.

gie ren	schwimmen	Zitrone	spielen	Stimme	Zigarre	wiegen
Vitamine	Margarine	Wiese	Ziele	fliegen	Frieden	frieren
Sirene	schimpfen	riechen	sieben	Minute	spritzen	tiefer
fließen	Literatur	trinken	bitten	wickeln	Dichter	Dialog
Zitadelle	Mandarine	Diener	lispeln	Glied	glimmen	Kinder

27 *Trage die Zweisilber aus Aufgabe 26 in die Tabelle ein.*

Wörter mit ie	Wörter mit i
die Mie te die Lie be der Rie se	die Mil de die Lip pe die Rin der

28 *Jetzt hast du die **Regel 1 für das lange i** gefunden. Ergänze:*

Man schreibt nur **ie,** wenn die erste Silbe ______________________ ist.

Stolperstein: Einsilber

29 *Prüfe für diese Einsilber, ob die **Regel 1 für das lange i** zutrifft.*

schiebt	viel	lieb	Hieb	schief	Dieb
dies	mild	mies	Sieg	dick	schießt

Stolperstein: Mehrsilber

30 *Schreibe die Wörter aus Aufgabe 26 auf, die mehr als zwei Silben haben.*
Sprich sie deutlich in Silben und unterlege sie mit Silbenbögen.

____

____

31 *Formuliere eine **Regel 2 für das lange i.** Ergänze:*

In mehrsilbigen Wörtern enden offene Silben meist mit ______________________.

Stolperstein: Zusammengesetzte Wörter

Tipp – erinnere dich:

Spiel | plätze – spie len (erste Silbe offen)

Rind | fleisch | salat – Rin der (erste Silbe geschlossen)

32 *Setze ein: **i** oder **ie?***
Gehe vor wie im Tipp. Begründe die Schreibweise.

Br ie fmarke – Brief / marke – Brie fe   1. Silbe offen

T____rschützer – ____   1. Silbe ____

F____lmrolle – ____   1. Silbe ____

B____rgläser – ____   1. Silbe ____

Z____lgerade – ____   1. Silbe ____

Sp____ßbraten – ____   1. Silbe ____

Kr____cht____r – krie chen   und Tie re

Z____rkürb____s – ____   und ____

Bl____ndf____sch – ____   und ____

Manchmal musst du Vorsilben oder Nachsilben abtrennen, um verlängern zu können:

un friedlich – Frie den

33 *Bearbeite die Wörter wie im Beispiel.*

Fiesling – ____

Liebling – ____

Findling – ____

Neugier – ____

bildlich – ____

bedient – ____

verliebt – ____

besiegt – ____

Merkwörter mit langem i

Für manche Wörter kannst du die Schreibweise nicht erklären.
Du musst sie dir **merken,** zum Beispiel *nie, sie, korrigieren* oder *Figur.*

M

34 *Im Rätsel sind echte Merkwörter gesucht. Trage sie ein.*

1			I			
2			I			
3			I			
4			I			
5			I			
6			I			
7			I			
8			I			
9			I			
10			I			
11			I			
12			I			

1 dickflüssiger Obstsaft
2 erstes Lesebuch
3 weniger
4 anderes Wort für „Körper“
5 eine kleine Menge
6 eine Frühlingsblume
7 Wettkampfklasse
8 Buch der Christen
9 Speicherort für Getreide und Gras
10 Ort, an dem man Filme sieht
11 Raubtier
12 Nagetier

M

35 *Viele Verben enden mit* ***-ieren.***
Sprich die folgenden Verben deutlich in Silben.
Unterlege sie durch Silbenbögen.

mar schie ren   voltigieren   dividieren   multiplizieren   musizieren

36 *Wende dein Strategiewissen an:*

- Zweisilber und Mehrsilber, bei denen die Regel gilt, sprichst du in Silben: lie ben.
- Einsilber verlängerst du: er liebt.
- Zusammengesetzte Wörter zerlegst du: Lieb | haber.
- M Schreibungen, bei denen keine Strategie hilft, musst du dir merken: sie.

Trage für die folgenden Wörter ein, welche Strategie du zur Erklärung der ***i/ie****-Schreibung benutzen musst.*

ziemlich   nie   Stofftier   Ziegenbart   Familie   Grießbrei   sie   mies   lies

Bierzeltgarnitur   Niederlage   Silikon   Niederholz   hier   Hiebwunde   dies   die

siebzehn   Gießkanne   neugierig   schließlich   Schießanlage   wie   riechen   Liege

Wörter mit h

37 *a) Lies die Wörter.*

der Zeh	der Schuh	zehn	geht	früh	blüht
froh	seht	der Zahn	das Ohr	lahm	zahm
wohnt	der Hahn	ruht	weht		

*b) Prüfe, ob du das **h** hören kannst. Kreuze die richtige Antwort an.*

- ☐ Das **h** kann man hören.
- ☐ Das **h** kann man nicht hören.

38 *Das **h** in Zweisilbern erklären:*
Sprich die Wörter in Silben und unterlege sie mit Silbenbögen.
Markiere die Buchstaben an der Silbengrenze rot.
Untersuche die Wörter und kreuze die richtigen Aussagen an.

Wörter mit ________________ h

gähnen wohnen Zahlen

führen ehren fahren

Ergebnis – kreuze an:

- ☐ Das **h** gehört zur ersten Silbe.
- ☐ Das **h** gehört zur zweiten Silbe.
- ☐ Das **h** hört man im Zweisilber.
- ☐ Das **h** hört man nicht im Zweisilber.
- ☐ Ohne **h** würde das Wort gesprochen wie mit **h.**

Wörter mit ________________ h

drohen mähen flehen

sprühen nähen ziehen

Ergebnis – kreuze an:

- ☐ Das **h** gehört zur ersten Silbe.
- ☐ Das **h** gehört zur zweiten Silbe.
- ☐ Das **h** hört man im Zweisilber.
- ☐ Das **h** hört man nicht im Zweisilber.
- ☐ Ohne **h** würde das Wort gesprochen wie mit **h.**

In manchen Wörtern trennt das **h** zwei Vokale. ge hen.
Man nennt es **silbenöffnendes h.** Es gehört zur zweiten Silbe.
Das **Dehnungs-h** gehört zur ersten Silbe eines Wortes. Du hörst es beim Sprechen nicht: fah ren.

39 *Lies den Merkkasten und gib der Tabelle zu Aufgaben 38 Überschriften.*

Stolperstein: Einsilber

40 *Wörter mit Dehnungs-**h** sind echte Merkwörter. Lege im Heft eine Tabelle an und trage die verlängerten Wörter aus Aufgabe 37 ein.*

Wörter mit silbenöffnendem h	Wörter mit Dehnungs-h
…	…

Stolperstein: Zusammengesetzte Wörter

Zusammengesetzte Wörter muss man **zerlegen**, um die Schreibweisen zu begründen.

Näh | maschine – nä hen   Fahr | zeug – fah ren

41 *Kläre die Schreibweise der folgenden Wörter.*

Leihwagen – __________

Bohrmaschine – __________

Glühwürmchen – __________

Fahrradhalter – __________

Zahnarztpraxis – __________

Wohnungstür – __________

Rohkostsalat – __________

Wahrheit – __________

42 *Wende die Strategien an und markiere Wörter mit **h** durch die Strategiezeichen ω, ↷ oder M.*

A Im Sommer kann man froh sein, eine kühle Wohnung zu haben.

B Heute ermöglichen Kühlschränke die Aufbewahrung der Nahrungsmittel auch bei hohen Außentemperaturen.

C In früheren Jahren nahm man hohe Risiken auf sich, weil durch Bakterien viele Krankheiten drohten.

43 *So kannst du die echten Merkwörter üben:*
Wende die Strategien an.
Markiere die echten Merkwörter mit dem Strategiezeichen M.

wohnen	fliehen	nähren	drehen	fühlen	kühlen	fehlen	Bühne
gehen	zahlen	nehmen	fahren	Nahrung	Gefahr	Befehl	Bohne
ohne	Uhr	Flöhe	kahl	Jahre	drohen	stehen	

44 *Lege im Heft eine Tabelle nach diesem Muster an und trage die Merkwörter geordnet ein.*

ah/äh	eh	oh	uh/üh
...	...	...	...

Das **h** bleibt in allen Wörtern der Wortfamilie erhalten:
kühl, kühlen, Kühlschrank, Kühlmanschette, Kühlaggregat, Kühlhaus ...

45 *Schreibe zu jedem Wort weitere fünf Wörter der Wortfamilie auf.*

fehlen: __________

lehren: __________

fahren: __________

Nomen und Namen großschreiben

xX

1 *a) Im folgenden Text fehlen Nomen und Namen.*
Lies den Text und versuche, ihn zu verstehen.

Der „Draußenseiter“

Wo interviewt man einen ______________, der tausend ______________ ohne ______________ durch ______________ gewandert ist, dreimal den ______________ auf selbst gebauten ______________ überquert hat, sich allein durch den ______________ ______________ schlug und 25 bewaffnete ______________ überlebte? Draußen, natürlich.

„Ich hab's ______________ schon angemacht“, ruft ______________ ______________, als er uns aus dem ______________ seines ______________ in ______________ bei ______________ zuwinkt.

Keine ______________ später öffnet sich die ______________ zum ______________ des ______________.

b) Hast du den Text gut verstanden? Kreuze an:

- ☐ Ich habe vom Text nichts verstanden.
- ☐ Ich habe eine Vorstellung, um was es geht.
- ☐ Ich hatte keine Probleme, den Text zu verstehen.

2 *Trage diese Nomen in den Text ein.*

Atlantik | Brasiliens | Menschen | Lagerfeuer | Nahrung | Schatzkammer | Flößen | Rüdiger Nehberg | Rausdorf | Hauses | Hamburg | Minute | Tür | Privatreich | Kilometer | Abenteurers | Deutschland | Dschungel | Raubüberfälle | Dachgeschossfenster

3 *Beweise, dass die Wörter in dem Kasten Nomen sind.*
Die drei Nomenproben helfen dir dabei. Führe sie jeweils für drei weitere Wörter durch.

✓ Checkliste: Die Nomenproben

- ☐ **Artikelprobe:** Vor Nomen kann man einen Artikel setzen: *der Abenteurer*
- ☐ **Adjektivprobe:** Nomen kann man durch ein Adjektiv genauer beschreiben: *der nette Abenteurer*
- ☐ **Mengenangabe:** Nomen kann man zählen.
  Bestimmte/unbestimmte Mengenangabe: *zwei Abenteurer, viele …*

4 *In diesem Text sind die Nomen von einem Schüler markiert worden, der nicht sicher in der Rechtschreibung ist.*
Prüfe für die markierten Wörter, ob es wirklich Nomen sind:
a) Setze einen Haken über richtig markierte Nomen.
b) Unterstreiche Nomen, die übersehen wurden und nicht markiert sind.

xX

Mehr über den Abenteurer Rüdiger Nehberg

VORSICHT FEHLER!

Zwischen gewehren und macheten, schlangenhaut und affenschädeln, großformatigen protest-transparenten und miniaturmodellen seiner atlantikboote, die an wänden und dachbalken hängen, kocht „Sir Vival" seinen gästen erst einmal einen kaffee. Der 75-jährige, der selbst iglus bauen, wildschweine fangen und sich notfalls auch von maden ernähren kann, hat sich ein paradies geschaffen. Hinterm fachwerkhaus liegt ein see mit enten und wildgänsen. Als wir zum lagerfeuer gehen, flitzt eine bisamratte davon. „Die schmecken auch ganz gut", sagt nehberg beiläufig. „Wie wasserkaninchen. Und aus dem fell kann man tolle mützen machen." Der abenteurer hat früher häufiger einmal ein tier auf dem kopf getragen. Ratten, schlangen, spinnen. Das war, als nehberg sich noch durch wüsten und urwälder kämpfte.

c) Schreibe sechs Nomen mit einer der Nomenproben auf.

5 *Auch in diesem Text sind alle Wörter (außer Satzanfängen) kleingeschrieben.*
Markiere die Nomen mit dem Strategiezeichen xX .

Seit 1935 entdeckt rüdiger nehberg die welt – zunächst nur in bielefeld. Geboren in einer bankiersfamilie, in der „alles geordnet war, bis zur zehnten stelle hinter dem komma", zeichnete sich bei ihm schon früh eine gewisse abenteuerlust ab. Als vierjähriger wollte er allein seine oma besuchen. Die polizei fand ihn unter einem rhododendronstrauch, nur mit einer zeitung zugedeckt. „Und da lernte ich eben, dass man reisen anders planen muss", schmunzelt nehberg. Das tat er: Als 17-jähriger bäckerlehrling fuhr er mit seinem rad nach marokko. Seinen eltern erzählte er, er sei in paris. „Ein freund hat dann jede woche eine karte geschickt – die hatte ich alle vorgefertigt." Nehberg lacht heute noch über die ahnungslosigkeit seiner familie. „Ich schrieb dann vom eiffelturm, meine eltern waren glücklich und ich war in wirklichkeit in marrakesch und habe schlangenbeschwörung gelernt mit der flöte."

6 *Schreibe den Text aus Aufgabe 4 oder aus Aufgabe 5 richtig in dein Heft ab.*
Beachte beim Abschreiben die Anführungszeichen.

Tageszeiten und Wochentage – Wann schreibt man sie groß?

XX

7 *Markiere die Tageszeiten in den Sätzen.*
Prüfe die Nomen: Finde Begleiter und unterstreiche sie.

Ich habe am frühen Morgen noch keinen Hunger.
Spätestens am Mittag freue ich mich auf das Essen.
Nur am Abend essen wir alle gemeinsam.
In der Nacht werde ich oft mit Heißhunger wach.

Ich habe morgens keinen Hunger, aber morgen werde ich mit dir frühstücken.
Spätestens mittags freue ich mich auf das Essen.
Nur abends essen wir alle gemeinsam.
Ich werde oft nachts mit Heißhunger wach.

8 *Vergleiche und finde Merkhilfen für die Groß- und Kleinschreibung.*
Kreuze die richtigen Aussagen an.

- [ ] Die Tageszeiten werden immer großgeschrieben.
- [ ] Die Tageszeiten werden großgeschrieben, wenn ein Begleiter davorsteht. (Artikelprobe)
- [ ] Die Tageszeiten werden großgeschrieben, wenn ein Adjektiv davorsteht. (Adjektivprobe)
- [ ] Die Tageszeiten werden kleingeschrieben, wenn ein **s** angehängt ist. (Adverb)

Werden Adverbien und Tageszeiten kombiniert, schreibt man die Tageszeiten groß: *heute Morgen.*

Tipp: Adverbien erkennst du daran, dass sie nicht gebeugt werden können.

9 *Bilde drei Sätze, in denen die folgenden Wörter vorkommen.*

vorgestern | gestern | heute | morgen | übermorgen

Morgen | Vormittag | Mittag | Nachmittag | Abend | Nacht

____

____

____

10 *Prüfe die Schreibweise der Wochentage auf die gleiche Weise wie in den Aufgaben 7 und 8.*

Am Mittwoch haben wir den besten Stundenplan.
Der frühe Mittwochabend gehört dem Fußball.
Klaus fehlt von Mittwoch bis Freitag.

Den besten Stundenplan haben wir mittwochs.
Wir spielen mittwochs spät noch Fußball.
Klaus fehlt von mittwochs bis freitags.

11 *Kreuze die richtigen Aussagen an.*

- [ ] Die Wochentage werden immer großgeschrieben.
- [ ] Die Wochentage werden großgeschrieben, wenn ein Begleiter davorsteht. (Artikelprobe)
- [ ] Die Wochentage werden großgeschrieben, wenn ein Adjektiv davorsteht. (Adjektivprobe)
- [ ] Die Wochentage werden kleingeschrieben, wenn ein s angehängt ist. (Adverb)

Dass oder das? – Den Satzbau prüfen

1 *a) Suche und markiere im Satz das Wort, worauf sich* ***das*** *bezieht.*

Das Mädchen, das gut im Frauenfußball ist, spielt im Verein.

b) Unterstreiche das Wort, auf das sich ***dass*** *bezieht.*

Ich weiß, dass das Mädchen im Verein spielt.

c) Formuliere den Unterschied, die Tipps helfen dir dabei.

Tipp 1: *das* bezieht sich auf ein sächliches Nomen. Es ist ein Artikel oder **Relativpronomen.**

Tipp 2: *dass* bezieht sich auf ein Verb und ist eine **Konjunktion,** die einen Nebensatz einleitet

2 *Schreibe zehn sächliche Nomen auf.*

3 *Bilde mit den Nomen aus Aufgabe 2 sechs Satzgefüge mit Relativpronomen und schreibe sie in dein Heft.*

Das Auto, das an dem Unfall beteiligt war, steht in der Werkstatt.

4 *Bilde sechs Sätze mit dass und schreibe sie in dein Heft.*

Der Autobesitzer hofft, dass der Schaden schnell behoben ist.

Es geht immer um eine Person, die etwas denkt, meint, tut ...

Ich vermute, dass ...

Ich sage, dass ...

Ich denke, dass ...

Ich glaube, dass ...

Ich meine, dass ...

Ich sehe, dass ...

Deutschbuch

Förderheft

8

Lösungen

Seite 4

1 b) Die Sportart heißt Parkour. Ein Sportler oder eine Sportlerin wird Traceur genannt. Das oberste Ziel ist es, auf kürzestem Weg Hindernisse zu überwinden.

2 b) *Möglicher Satz:*
Die Reportage berichtet über den Trendsport „Parkour“ und einige deutsche Parkourläufer.

Seite 6

3 *Richtige Antwort:*
B Reportage über den Trendsport Parkour

4 *Mögliche unbekannte Wörter:*
der **Boom:** plötzliches großes Interesse an etwas; der **Workshop:** Kurs, Werkstatt; der **Kick:** Hochstimmung, Erregung; der **Spirit:** Geist; die **Graffiti:** auf Wände oder Mauern gesprühte oder gemalte Parolen oder Bilder; die **Kür:** Übung; das **Ghetto:** Stadtviertel, in dem eine bestimmte Gruppe von Menschen wohnt; der **Physiotherapeut:** Krankengymnast, Masseur; das **Männergebaren:** auffälliges Benehmen von Männern; **Neue Staatsgalerie:** Kunstmuseum in Stuttgart; **mutieren:** sich spontan verändern; **normiert:** vereinheitlicht, festgelegt; **verpönt:** unerwünscht; die **Meditation:** Nachdenken, geistige Übung; die **Disziplin:** meint hier Sportart; **philosophisch:** überlegend, nachdenklich; die **Balance:** Gleichgewicht; **tabu:** unantastbar

5 *Diese Aussagen sind richtig:*
B Kraft und Ausdauer werden trainiert, zum Beispiel durch Liegestütze.
D Das Überspringen von Blumenbeeten ist eine Trainingsübung.
E Bestimmte Bewegungsfolgen werden immer wieder geübt.

6 *Mögliche Lösung:*
A Deshalb die Liegestütze. (Zeile 11)
Ein Gesetz der Traceure besagt, dass nichts kaputtgemacht werden darf. Weil Pascal aber in einem Blumenbeet gelandet ist, muss er Strafliegestütze machen.
B Immer und immer wieder. (Zeile 46)
Immer und immer wieder rennt Boris im Kreis, klettert die Mauer hoch und springt die Treppe hinunter und über das Geländer.
C Männergebaren. (Zeile 92)
Die Jungen benehmen sich auf eine typisch männliche Art, indem sie sich mit Handschlag begrüßen und mit den Schultern aneinanderstoßen.

7 A (Zeile 75): Wettbewerbe gibt es nicht, denn das widerspräche der Grundidee von Parkour, dass sich jeder seine Herausforderungen selbst sucht.
Der Grundgedanke von Parkour ist, dass jeder selbst überlegt, was er tun möchte, deshalb gibt es keine Wettbewerbe.

B (Zeile 121): Wenn ich bei Parkour die Balance nicht halten kann, dann weiß ich, dass ich auch seelisch nicht im Gleichgewicht bin.
Wenn sein Körper aus dem Gleichgewicht gerät, weiß er, dass auch seine Seele nicht im Gleichgewicht ist.
C (Zeile 130): Ich weiß jetzt, dass mit hartem Training alles möglich ist.
Er weiß, dass er alles erreichen kann, wenn er oft und lange übt.

Seite 7

8 a) **Was** ...? Trendsport Parkour, Fortbewegungskunst
c) **Wer** ...? Traceure in Stuttgart
Wo ...? Stuttgart, Innenstadt, Universität, Neue Staatsgalerie
Warum ...? Begeisterung für den Sport, Glücksgefühl, besondere Herausforderungen, zu sich selbst finden

9 1. Abschnitt (Zeile 1–38): Trendsport Parkour in der Trainingsgemeinschaft Stuttgart
2. Abschnitt: (Zeile 39–115) Anspruchsvolles Training ohne Wettbewerb
3. Abschnitt: (Zeile 116–133) Auswirkungen von Parkour auf Körper, Geist und Leben

10 *Mögliche Inhaltszusammenfassung:*
In der Reportage mit dem Titel „Höher, schneller, weiter", erschienen am 13.4.2010 in der Onlineausgabe der Stuttgarter Zeitung, stellt Ricarda Schuller die neue Trendsportart „Parkour" vor. Im Mittelpunkt steht die Trainingsgemeinschaft Stuttgart. Parkour ist ein Sport, der fast überall ausgeübt werden kann. Jedes Hindernis, zum Beispiel Blumenbeete oder Mauern, wird als Trainingsgerät gesehen. Dabei legen die Traceure großen Wert auf einen verantwortungsbewussten Umgang mit der Umwelt. Obwohl sie Wettbewerbe und Konkurrenzkampf ablehnen, stellen sie sich immer neuen Herausforderungen. Dafür ist auch ein anspruchsvolles Kraft- und Ausdauertraining notwendig. Parkour wirkt sich nicht nur auf die körperliche Fitness aus, sondern auch auf den Geist. So sagt einer der Traceure, die Übungen seien für ihn schon eine Art von Meditation. Der Sport ist mit philosophischen Elementen verbunden und führt bei den Parkourläufern zu einer veränderten Lebensweise.

Seite 8

11 b) *Mögliche Ergänzung:*
In einem Interview berichtet Lola über ihr Hobby, das Parkourlaufen. Sie erzählt, wie sie diese Sportart entdeckt hat, und gibt Interessierten wertvolle Tipps, zum Beispiel über die körperlichen Voraussetzungen, die Teilnahme an einem Workshop und eine gesunde Lebensweise.

Seite 9

12 *Mögliche unbekannte Wörter:*
recherchieren: forschen, ermitteln; **motivieren:** anregen, anfeuern; **herkömmlich:** üblich; **kreativ:** Ideen verwirklichend, schöpferisch; die **Passantin:** Fußgängerin; die **Kondition:** körperlich-seelische Verfassung einer Person, Form

13 + 14 Eine Freundin, / mit der ich mich regelmäßig zum Ausdauertraining treffe, / hat mich vor drei Jahren auf einen Workshop, / der von der Trainingsgemeinschaft angeboten wurde und in dem ich die ersten Grundlagen kennen gelernt habe, aufmerksam gemacht.

Seite 10

15 Warum? Körper und Kräfte ausprobieren, Muskeltraining, kein Maschinensport, Workshop weckte Interesse
Wie sieht euer Training aus? regelmäßig, kein herkömmliches Training, keine Wettkämpfe
Wo findet euer Training statt? überall, die Stadt bietet alle Trainingsmöglichkeiten
Für wen ist der Sport empfehlenswert und welche Voraussetzungen benötigen Interessierte? Personen mit Bewegungslust und Durchhaltevermögen, Lust am Training; Kraft und Ausdauer, Schnuppererfahrung in einem Workshop, Kondition
Inwiefern hat der Sport dein Leben beeinflusst bzw. verändert? keine Zigaretten, gesunde Ernährung, ausgiebiges Training statt Fernsehen/Computer
Uns würde abschließend noch interessieren, seit wann es diesen Sport gibt und wer ihn ins Leben gerufen hat. Anfang der 1980er-Jahre, französischer Schauspieler David Belle

16 Absatz 1 (Zeile 9–17): Lolas Gründe für Parkour
Absatz 2 (Zeile 19–24): Trainingsinhalte
Absatz 3 (Zeile 26–32): Trainingsorte
Absatz 4 (Zeile 35–43): Voraussetzungen für den Sport
Absatz 5 (Zeile 45–49): Folgen für den Sportler/die Sportlerin
Absatz 6 (Zeile 52–54): Geschichte der Sportart

17 **Geschichte:** entwickelt von dem französischen Schauspieler David Belle, 1980er-Jahre
Sportart: Parkourlaufen, alltägliche Hindernisse überwinden
Voraussetzungen: Interesse an der körperlichen Herausforderung, Durchhaltevermögen, Kondition
Trainingsinhalte: Krafttraining, Ausdauertraining, Übung von Sprüngen
Trainingsorte: überall, Städte mit vorhandenen Hindernissen wie Mauern, Blumenbeeten
Besonderheiten: keine Sporthalle, keine Wettbewerbe, kein Konkurrenzkampf
Auswirkungen: gesundheitsbewusste Lebensführung, keine Langeweile, neue Interessen

18 *Möglicher zusammenhängender Text:*
Trendsportart Parkour
In den 1980er-Jahren entwickelte der französische Schauspieler David Belle eine neue Sportart: Parkour. Der Parkourläufer, der so genannte Traceur, überwindet allein mit Muskelkraft und körperlicher Geschicklichkeit alltägliche Hindernisse. Wer diese Sportart ausüben möchte, sollte Interesse an der körperlichen Herausforderung haben, Durchhaltevermögen und Kondition besitzen. Schwerpunkte des Trainings sind Kraft und Ausdauer. Sprünge und bestimmte Bewegungsabläufe müssen immer wieder geübt werden. Das Tolle an Parkour sei, dass man überall trainieren könne, sagt Lola, eine begeisterte Parkourläuferin aus Berlin. Ob in der Natur oder in der Stadt – die Sportler nutzen die vorhandenen Hindernisse als Trainingsgeräte und überwinden sie, ohne sie zu verändern. Doch das Besondere an Parkour ist nicht nur, dass man für den Sport keine Sporthalle benötigt. Es gibt auch keine Wettbewerbe, denn die Grundidee von Parkour besagt, dass sich jeder seine Herausforderungen selbst aussucht. Also findet kein Konkurrenzkampf statt. Der Sport wirkt sich in vielerlei Hinsicht auf die Lebensverhältnisse der Traceure aus: Sie trainieren lieber, als vor dem Fernseher oder Computer zu sitzen. Sie rauche nicht und gesunde Ernährung sei ein Muss, erklärt Lola. Dafür kenne sie keine Langeweile mehr. Und Pascal, ein Traceur aus Stuttgart, sagt, er wisse jetzt, dass mit hartem Training alles möglich sei.

Seite 12

20 *Mögliche Ergänzung:*
Für diesen Sport benötigt man ein ca. 1,40 Meter langes Brett, einen Lenkdrachen, eine Wasserfläche und Wind.

21 a) *Mögliche unbekannte Wörter:*
enorm: sehr außergewöhnlich; **spektakulär:** Aufsehen erregend; **experimentieren:** ausprobieren; **strapazierfähig:** nicht leicht abzunutzen; der **Neoprenanzug:** Anzug aus einem stark wärmespeichernden künstlichen Material, Taucheranzug; **kombinieren:** miteinander verbinden; das **Element:** Bestandteil; die **Stabilität:** Standfestigkeit, Dauerhaftigkeit; das **Ventil:** bewegliche Klappe, durch die eine Luft-, Gas- oder Flüssigkeitszufuhr geregelt wird; **regulieren:** regeln, ordnen, einstellen, **Anstellwinkel:** Stellung des Drachens zum Wind; **waghalsig:** risikofreudig

b) **speziell:** von besonderer, eigener Art
enorme: beeindruckend, außergewöhnlich
Gefährt: Fahrzeug
handhaben: bedienen, steuern

22 *Richtig sind die Aussagen A und B.*

23 *Mögliche Antworten:*
Was ist Kitesurfen? Surfen mit Brett und Lenkdrachen, auf dem Wasser, weite Sprünge, fliegen
Wann entwickelte sich der Sport? Mitte der 1980er-Jahre
Wo kann der Sport ausgeübt werden? auf Seen, auf dem Meer
Aus welchen Sportarten hat sich Kitesurfen entwickelt? Teile des Kite-Buggy-Fahrens, Wellenreiten, Windsurfen, Skateboarden, Snowboarden, Wakeboarden
Welche Lenkdrachensysteme gibt es? Tubekite, Mattenkite
Worin unterscheiden sich die Kites? in der Anzahl der Leinen (2, 4 oder 5)

24 *Abschnitte und mögliche Zwischenüberschriften:*
1. Abschnitt: (Zeile 1–9): Kitesurfen kurz erklärt
2. Abschnitt: (Zeile 9–17): Entwicklung der Sportart
3. Abschnitt: (Zeile 17–28): Mischung aus verschiedenen Sportarten
4. Abschnitt: (Zeile 28–37): Lenkdrachensysteme
5. Abschnitt: (Zeile 37–39): Reaktionen auf die Sportart

Seite 13

25 **Sportart:** Kitesurfen
Sportgeräte: verschiedene Lenkdrachen mit unterschiedlicher Anzahl von Leinen
Geschichte des Sports: Beginn Mitte der 1980er-Jahre, in Amerika (USA) und Frankreich, Entwicklung wassergeeigneter Materialien
Trainingsinhalte: Sprünge und Gleiten auf dem Wasser, Umgang mit dem Brett
Trainingsorte: Meer, Seen
Besonderheiten: Mischung aus vielen verschiedenen Sportarten
Wirkung auf das Publikum: beeindruckend, spektakulär

26 *Mögliche Zusammenfassung:*
In dem Text „Kitesurfen: Waghalsige Sprünge und Schnelligkeit“ wird die Sportart Kitesurfen vorgestellt. Beim Kitesurfen steht man auf einem Brett (Board) und wird von einem Lenkdrachen, dem Kite, über das Wasser gezogen. Es gibt verschiedene Lenkdrachensysteme (Matten- oder Tubekite), außerdem werden die Kites nach der Anzahl ihrer Leinen (2, 4 oder 5) unterschieden. Je weniger Leinen ein Kite hat, desto einfacher ist er zu bedienen. Man kann beim Kitesurfen Sprünge vollführen und streckenweise sogar fliegen. Der Sport wurde Mitte der 1980er-Jahre in den USA und in Frankreich entwickelt und kann auf Seen oder auf dem Meer ausgeübt werden. Das Besondere am Kitesurfen ist, dass es Elemente aus vielen anderen Sportarten miteinander verbindet, wie zum Beispiel aus dem Kite-Buggy-Fahren, Wellenreiten, Windsurfen und Skateboarden. Auf Zuschauer wirkt das Kitesurfen immer sehr beeindruckend.

Seite 15

3 *Mögliche Antwort:*
Das Thema ihres Traums ist, dass sie als besonders begabte Fußballspielerin an einem wichtigen Spiel der Mannschaft teilnimmt, in der auch David Beckham spielt.

4 *Mögliche unbekannte Wörter:*
das **Idol** (Zeile 6): Vorbild; **elektrisiert** (Zeile 20–21): aufgeladen, gespannt; **exzellent** (Zeile 30): ausgezeichnet, hervorragend; **fantastisch** (Zeile 31): außerordentlich, beachtlich; **ruhmreich** (Zeile 56–57): glanzvoll, feindselig; die **Schande** (Zeile 74): etwas, wodurch eine Person ihr Ansehen verliert; **giftig** (Zeile 75–76): böse; **Sven-Goran Eriksson** (Zeile 94–95): schwedischer Fußballmanager, von 2001 bis 2006 Trainer der englischen Nationalmannschaft; **speziell** (Zeile 100–101): besonders, eigentümlich

Seite 16

5 *Diese Aussagen treffen zu:*
B Jess Bhamra ist begeisterte Fußballspielerin.
C Ihre Mutter kann ihre Begeisterung nicht teilen.
D In einem Tagtraum lebt Jess ihr Talent aus.
E Die Mutter stürzt herein und unterbricht Jess' Traum.

6 a) *Mögliche andere Formulierungen:*
total am Durchdrehen sein (Zeile 118): die Nerven verlieren
ausrasten (Zeile 120): die Beherrschung verlieren
auf jemanden stehen (Zeile 132): eine Person mögen
b) Die umgangssprachlichen Formulierungen wurden gewählt, weil der Text für Jugendliche geschrieben wurde, die diese Sprache selbst verwenden und sich dadurch angesprochen fühlen.

7 b) *Mögliche Zusammenfassungen:*
Jess lebt in einer Familie mit indischen Wurzeln. Sie hat eine Schwester namens Pinky, die am folgenden Tag ihre Verlobung feiern wird. Jess ist begeisterte Fußballspielerin und träumt davon, dass ihr Talent entdeckt wird. David Beckham ist ihr Idol, in ihrem Zimmer kleben überall Poster und ein Trikot von ihm.
Mrs Bhamra will, dass Jess aufhört, Fußball zu schauen, und sich stattdessen um Pinky kümmert. Sie hat kein Verständnis für ihre Tochter.

8 *Mögliche Ergänzungen:*
Jess: Ich will meinen Traum leben und Fußballspielerin werden. Es interessiert mich wenig, dass meine Schwester morgen Verlobung feiert.
Mrs Bhamra: Ich will nicht, dass sich meine Tochter nur für Fußball interessiert. Sie soll sich wie andere Mädchen verhalten und ihrer Schwester helfen.

Seite 17

9 direkte Ansprache, Zeile 129–130: Okay, ich weiß, was ihr jetzt denkt.

10 Sinnabschnitte und mögliche Zwischenüberschriften:
1. Sinnabschnitt (Zeile 1–87): Der Tagtraum
2. Sinnabschnitt (Zeile 88–120): Vom Traum zurück in die Wirklichkeit
3. Sinnabschnitt (Zeile 121–134): Jess' Idol

Seite 18

12 *Mögliche Zusammenfassung:*
Jess spielt zur Probe bei den Hounslow Harriers und wird angenommen.

13 a) *Umgangssprachliche Stellen:*
vermasseln (Zeile 30): zunichtemachen, zerstören; **draufhaben** (Zeile 87): beherrschen, können
b) Die Verwendung der Umgangssprache wirkt auf den Leser/die Leserin ansprechender und lebendiger. Die umgangssprachlichen Wendungen betonen zudem Jess' Aufregung.

14
Jess erscheint zum Probespiel und ist beeindruckt vom Umfeld und den Mädchen. → Joe verhält sich zu Beginn sehr abweisend. → Jess beweist in dem Probespiel, dass sie Talent hat. → Joe ist begeistert und nimmt sie in die Frauenmannschaft auf. →

15 a) *Textstellen, in denen Jess' Verhalten deutlich wird:*
Ich holte tief Luft und rannte dann geradewegs auf Jules zu, ... (Zeile 47); ..., ihn mit großen Augen anzustrahlen. (Zeile 51–52); Ich strahlte ihn an. (Zeile 60); Ängstlich blickte ich ihn an, ... (Zeile 72–73); ... ich lief vor Stolz rot an. (Zeile 101–111)
b) *Textstellen, in denen man etwas über Joe erfährt:*
„Wo spielst du normalerweise?", fragte er mich. Kein Hallo, nichts. (Zeile 55–56); Stirnrunzelnd blickte er zu Jules. (Zeile 61); Joe beäugte mich von Kopf bis Fuß. (Zeile 66); „Na schön", sagte er schließlich. (Zeile 66–67); „Gib an Jules ab!", hörte ich Joe von der Seitenlinie aus brüllen. (Zeile 104–105); „Klasse!", brüllte Joe, ... (Zeile 110)
Mögliche Notizen zu Joes Verhalten:
unhöflich, gleichgültig, abweisend, kritisch, prüfend, selbstbewusst, bestimmend, nachdenklich, überrascht

Seite 19

16 *Mögliche Überlegungen:*
Was will die denn hier? Sie hat nicht einmal Fußballschuhe und will in unser Team. Das kann ja wohl nicht wahr sein! Warum habe ich mich bloß überreden lassen?
Hm, der Pass war nicht schlecht. Und jetzt – die Vorlage ist richtig gelungen! Sie kann wirklich spielen! Beeindruckend. Ich gebe ihr eine Chance.

17 b) Der Auszug wirkt **spannend.**
d) Die Spannung wird durch die Verwendung **ausdrucksstarker Verben** erreicht.

Seite 20

19
Joe besucht Mr und Mrs Bhamra, möchte über Jess' Training sprechen. Jess kocht Tee. → Joe will Jess' Eltern davon überzeugen, dass Jess ein Talent besitzt, das gefördert werden muss. → Jess' Vater mag nichts davon wissen, er hat selbst schlechte Erfahrungen gemacht. → Joe verabschiedet sich, er erkennt Jess' Lage und ermutigt sie. →

20 **kauerte:** hockte zusammengekrümmt; **verstohlen:** vorsichtig, heimlich; **konfrontiert:** denen er sich gegenübersah; **barsch:** unfreundlich, ablehnend; **mir dämmerte:** mir wurde klar, ich erkannte, ich ahnte

Seite 21

21 a) Mein Herz war kurz vorm Zerspringen, und mein Magen schlug Purzelbäume, wann immer ich seinen Blick auf mir fühlte.
b) *Mögliche Erklärung:*
Es wird dargestellt, dass Jess in ihren Trainer Joe verliebt ist. Ihr Herz klopft sehr schnell und ihr Magen krampft sich zusammen. Beides sind Zeichen von großer freudiger Aufregung.

22 *Diese Aussagen sind richtig:*
B Mr Bhamra will seiner Tochter Enttäuschungen und negative Erfahrungen ersparen, wie er sie in seinem Leben durchmachen musste.
F Jess soll keine Zeit mit Sport verschwenden, weil sie bald studieren wird.

23 *Mögliche Zusammenfassung:*
Mr Bhamra begründet seine Ablehnung mit der eigenen Erfahrung, die er als junger Mann gemacht hat. Er konnte als Inder in keinem englischen Verein Kricket spielen, obwohl er ein hervorragender Sportler war. Er möchte seiner Tochter solche Enttäuschungen ersparen.

24 *Mögliche Zusammenfassung:*
Joe setzt sich für Jess ein, weil sie in seinen Augen ein herausragendes Talent für das Fußballspielen hat.

25 *Mögliche Erklärung:*
Joe meint mit dem Satz, dass Eltern die Fähigkeiten und Begabungen ihrer Kinder nicht immer richtig einschätzen können. Die Ziele der Eltern stimmen nicht immer mit den Wünschen der Kinder überein.

26 *Mögliches Schaubild:*

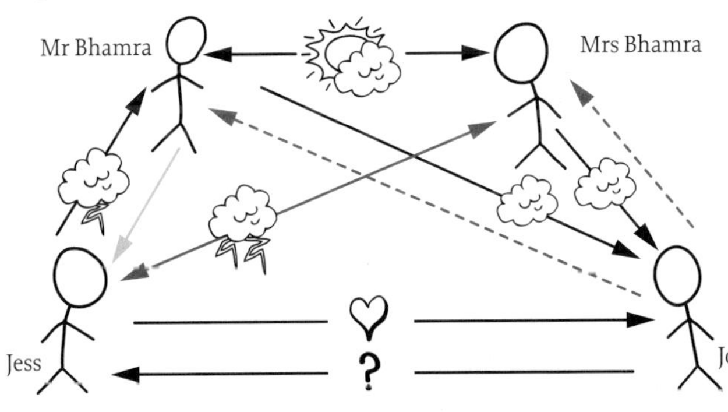

Seite 23

27 *Jess weist Tonys Lüge zurück, erzählt vom Sieg beim Fußballspiel.* → *Mrs Bhamra reagiert zuerst entsetzt, dann wütend.* → *Mr Bhamra beschließt, Jess in ihrem Traum zu unterstützen.* → *Mrs Bhamra gibt auch nach.* →

28 **Abrupt:** plötzlich, schlagartig; **Fassungslos:** entsetzt, bestürzt; **schwärmerisch:** hingerissen, begeistert; **Scout:** Talentsucher; **College:** höhere Schule; **Stipendium:** Geldbeihilfe für Studierende, Schülerinnen und Schüler; **professionell:** als Beruf betrieben; **räudig:** von einer Tierkrankheit befallen; **verblüfft:** erstaunt, überrascht; **glimmte ... auf:** begann zu brennen, ich schöpfte neue Hoffnung; **schmunzeln:** lächeln

29 *Mögliche Zusammenfassung:*
Mr Bhamra hat seine Meinung geändert, weil er gesehen hat, wie schlecht es seiner Tochter geht, wenn sie nicht Fußball spielen darf. Er will nicht, dass sie denselben Fehler macht wie er als junger Mann und dann ihr ganzes Leben lang darunter leiden muss. Sie soll nicht aufgeben wie er, sondern kämpfen. Er unterstützt sie jetzt in ihrem Lebenstraum, weil er erkannt hat, dass ein solches Talent von niemandem aufgehalten werden darf.

30 *Mögliche Erklärung:*
Die Perspektive der Ich-Erzählerin wurde gewählt, um die Leserinnen und Leser in das Leben der Hauptfigur einzubeziehen. Die Hauptfigur soll ihnen vertraut werden. Die Leserinnen und Leser sollen an ihren Gefühlen und Problemen teilnehmen. Dadurch gelingt es ihnen besser, sich in die Hauptfigur hineinzuversetzen. Das macht die Geschichte spannend und berührt den Leser/die Leserin zugleich.

31 *Mögliche Inhaltsangabe:*
Im Mittelpunkt des Jugendromans „Kick it like Beckham“ von Narinder Dhami, der 2002 zum gleichnamigen Film erschienen ist, steht Jesminder Bhamra, genannt Jess. Ihre Eltern stammen aus Indien und sind nach England eingewandert. Jess ist eine begeisterte Fußballspielerin und träumt davon, dass ihr Talent entdeckt wird. Zu Beginn des Romans hat sie einen Tagtraum, in dem sie als talentierte Fußballspielerin in der Mannschaft von David Beckham ein entscheidendes Tor schießt. Kurz darauf platzt Jess' Mutter in ihr Zimmer. Sie ist wütend auf Jess, weil diese sich nicht für die Verlobung ihrer Schwester Pinky interessiert.
Jess spielt regelmäßig mit ein paar Jungen im Park Fußball. Dort wird sie von Jules, Spielerin in einer Frauenmannschaft, entdeckt und zu einem Probespiel eingeladen. Jess nimmt die Einladung an.
Die erste Begegnung zwischen Jess und ihrem Trainer Joe verläuft distanziert, aber sie kann ihn in dem Probespiel von ihren Fähigkeiten überzeugen, sodass ihr ein Platz in der Frauenmannschaft angeboten wird.
Jess erzählt ihren Eltern nicht, dass sie in der Frauenmannschaft spielt, und lügt sie an, um an Spielen teilnehmen zu können. Als sie erwischt wird, verbieten ihre Eltern ihr das Fußballspielen. Joe besucht ihre Eltern zu Hause, um sich zu entschuldigen und sich für Jess einzusetzen. Er spricht ihr besonderes Talent an, wird aber von Jess' Vater unterbrochen, der ihm zu verstehen gibt, dass er als Vater besser weiß, was für seine Tochter gut ist. Mr Bhamra begründet seine Ablehnung mit eigenen Erfahrungen. Er konnte als Inder in keinem Verein spielen, obwohl er ein hervorragender Sportler war. Er möchte seiner Tochter Enttäuschungen ersparen. Da Jess' Eltern nicht nachgeben, verabschiedet sich Joe.
Am Hochzeitstag ihrer Schwester erhält Jess schließlich die Erlaubnis ihres Vaters, an einem wichtigen Fußballspiel teilzunehmen. Sie wird von einem Talentsucher entdeckt, der ihr ein Stipendium in Amerika anbietet. Diese Gelegenheit will sie ergreifen und spricht mit ihren Eltern. Ihre Mutter reagiert immer noch ablehnend, aber ihr Vater unterstützt sie. Er will nicht, dass sie denselben Fehler macht wie er als junger Mann und dann ihr ganzes Leben lang darunter leiden muss. Sie soll nicht aufgeben wie er, sondern kämpfen.

Seite 24

1 *Mögliche Schlüsselwörter:*
Material 1: Jugendliche in Afrika, Armut, europäische Vereine, Versprechungen
Material 2: Michel, Donala, Talent-Scout, Karriere
Material 3: mit 16, Paris, Jugendmannschaft, Verletzung, fallen gelassen, Foot Solidaire
Material 4: betrügerische Agenten
Material 5: Ausnahme, Verträge, ausgenommen, Schämen, Rückflug
Material 6: Transferregeln verschärft, Schlupflöcher

Seite 25

2 *Mögliche Überschriften:*
Material 1: Junge Afrikaner als Fußballspieler in Europa

Material 2: Talent-Scout will Michel nach Europa holen
Material 3: Verletzung, Enttäuschung und Rückkehr nach Afrika
Material 4: Betrug junger Afrikaner
Material 5: Ungerechte Verträge, gescheiterte Träume
Material 6: Verschärfte Transferregeln der Fifa nutzen wenig

Seite 26

3 *Die folgenden Aussagen treffen nicht zu:*
B Michel blieb nach seinem Scheitern in Paris.
D Junge afrikanische Fußballer haben in der Regel in europäischen Clubs tolle Chancen, berühmt zu werden.
E Wenn die Verträge auslaufen, bekommen die jungen Spieler eine Ausbildung bezahlt.

4

Informationen über Michel		**Material**	**Zeilenangabe**
Wer ist Michel?	*16-jähriger Junge aus Kamerun, Fußballer*	2	Zeile 1–3
Wo spielte sich seine Geschichte ab?	*Douala, Paris*	2 3	Zeile 2 Zeile 5
Wann geschah sie?	*Juli 2010 bis Dezember 2010*	3	Zeile 4–10
Was geschah?	*Michel trainiert in Douala Fußball, wird von Scout entdeckt, geht nach Paris, spielt für Jugendmannschaft, verletzt sich beim Spiel*	2 3	(gesamtes Material) (gesamtes Material)
Welche Folgen hatte das Geschehen?	*Operation, Reha-Klinik, Verein lässt ihn fallen, Rückkehr nach Afrika*	3	Zeile 13–17

Informationen über afrikanische Nachwuchsfußballer		**Material**	**Zeileilenangabe**
Welche Rolle spielen **Agenten/Scouts**?	*Agenten/Scouts suchen in Afrika Talente, vermitteln Spieler nach Europa, bekommen für die Vermittlung Prämien*	1, 2 4, 5 6	Zeile 4–5; Zeile 3–8 Zeile 5–6; Zeile 3–8 Zeile 2–3
Wie ist die **Situation der jungen Fußballer** in Europa?	*keine oder schlechte Verträge, manchmal ohne Geld und Papiere* *nach Ende des Vertrags kein Visum, keine Spielmöglichkeit*	4 5	Zeile 5 Zeile 3–4
Welche **Fifa-Regeln** gibt es für minderjährige Spieler?	*Verbot, minderjährige Spieler über Ländergrenzen hinweg zu verpflichten*	6	Zeile 1–2
Werden die **Fifa-Regeln beachtet**?	*es gibt Schlupflöcher, Spieler werden zum Beispiel als Studenten getarnt nach Europa gebracht*	6	Zeile 2–3

Seite 27

5 *Möglicher erster Abschnitt:*
Michel spielte in seiner afrikanischen Heimat schon als kleiner Junge gern Fußball.
Während eines Trainings entdeckte ihn ein Talent-Scout.
Der Scout versprach Michel, ihn in Europa zu einem Star zu machen.
Mitte Juli 2010 reiste Michel nach Paris und spielte dort einige Male in der Jugendmannschaft.
Doch am 2. Oktober verletzte er sich während eines Spiels.
Der Unfall hatte zur Folge, dass Michel operiert werden musste und danach in die Reha-Klinik kam.
Der Verein wartete nicht auf Michel, sondern ließ ihn fallen.
Mit Hilfe des Vereins „Foot Solidaire“ konnte Michel am 15. Dezember 2010 in seine Heimat Afrika zurückkehren.

6 In einem Interview betonten die Journalisten Braun und Kohla, dass die meisten talentierten jungen Kicker nur in einer unteren europäischen Liga kickten und nach Auslaufen ihres Vertrages ohne Visum dastünden. Reich würden ihre „Scouts".

Mbvoumin, der Gründer des Vereins „Foot Solidaire", hob in einem Interview hervor, dass betrügerische Agenten den Jugendlichen oft ihre Papiere und ihr Geld abnähmen. Dazu würden sie noch Prämien von Vereinen einstreichen.

Der Journalist Elliesen wies darauf hin, dass der Weltfußballverein Fifa zwar die Transferregeln verschärft und die Verpflichtung von minderjährigen Spielern über Ländergrenzen hinweg verboten habe. Aber Elliesen machte zugleich auch darauf aufmerksam, dass Vermittler und Clubs immer wieder Schlupflöcher fänden. Zum Beispiel schafften sie die Spieler als Studenten getarnt ins Ausland.

Seite 28

7 *Möglicher zweiter Abschnitt:*
Ähnliche Erfahrungen wie Michel machen auch viele andere afrikanische Jung-Fußballer. Agenten oder Scouts suchen in Afrika nach talentierten Kickern und locken sie mit großen Versprechungen nach Europa, die sie allerdings in der Regel nicht einhalten. In einem Interview sagten zum Beispiel die Journalisten Braun und Kohla, die sich ausführlich mit dem Thema beschäftigt hatten, dass die meisten talentierten jungen Kicker nur in einer unteren europäischen Liga kickten und nach Auslaufen ihres Vertrags ohne Visum dastünden. Reich würden ihre „Scouts". Mbvoumin, der Gründer des Vereins „Foot Solidaire", hob in einem Interview hervor, dass betrügerische Agenten den Jugendlichen oft ihre Papiere und ihr Geld abnähmen. Dazu würden sie noch Prämien von Vereinen einstreichen. Der Journalist Elliesen wies darauf hin, dass der Weltfußballverein Fifa zwar die Transferregeln verschärft und die Verpflichtung von minderjährigen Spielern über Ländergrenzen hinweg verboten habe. Aber Elliesen machte zugleich auch darauf aufmerksam, dass Vermittler und Clubs immer wieder Schlupflöcher fänden. Zum Beispiel würden sie die Spieler als Studenten getarnt ins Ausland schaffen.

Seite 29

8 *Mögliche Begründung:*
Ich halte Einleitung B für gelungen, weil Thema und Ziel des Berichts genannt sind, ein interessantes Beispiel gegeben wird und die Sprache sachlich ist.

9 *Mögliche Begründung:*
Schlusssatz C ist geeignet, weil er abschließend das Problem benennt, um das es im Bericht geht.

10 *Möglicher zusammenhängender Hintergrundbericht:*

Aus Afrika ins Abseits
Jedes Jahr werden tausende junge Afrikaner nach Europa vermittelt, um Fußballstars zu werden. Jedoch wird meist nichts aus ihrer Profikarriere. Der 16-jährige Michel beispielsweise flog am 15. Dezember 2010 von Paris zurück nach Douala, nachdem sein Traum von einer Fußballkarriere in Europa während seines fünfmonatigen Aufenthalts in Paris geplatzt war.
Michel spielte in seiner afrikanischen Heimat schon als kleiner Junge gern Fußball. Während eines Trainings entdeckte ihn ein Talent-Scout. Der Scout versprach Michel, ihn in Europa zu einem Star zu machen. Mitte Juli 2010 reiste Michel nach Paris und spielte dort ein paar Mal in der Jugendmannschaft. Doch am 2. Oktober verletzte er sich während eines Spiels. Der Unfall hatte zur Folge, dass Michel operiert werden musste und danach in die Reha-Klinik kam. Der Verein wartete nicht auf Michel, sondern ließ ihn fallen. Mit Hilfe des Vereins „Foot Solidaire" konnte Michel am 15. Dezember 2010 in seine Heimat Afrika zurückkehren.
Ähnliche Erfahrungen wie Michel machen auch viele andere afrikanische Jung-Fußballer. Agenten oder Scouts suchen in Afrika nach talentierten Kickern und locken sie mit großen Versprechungen nach Europa, die sie allerdings in der Regel nicht einhalten. In einem Interview sagten zum Beispiel

die Journalisten Braun und Kohla, die sich ausführlich mit dem Thema beschäftigt haben, dass die meisten talentierten jungen Kicker nur in einer unteren europäischen Liga kickten und nach Auslaufen ihres Vertrages ohne Visum dastünden. Reich würden ihre „Scouts". Mbvoumin, der Gründer des Vereins „Foot Solidaire", hob in einem Interview hervor, dass betrügerische Agenten den Jugendlichen oft ihre Papiere und ihr Geld abnähmen. Dazu strichen sie noch Prämien von Vereinen ein. Der Journalist Elliesen wies darauf hin, dass der Weltfußballverein Fifa zwar die Transferregeln verschärft und die Verpflichtung von minderjährigen Spielern über Ländergrenzen hinweg verboten habe.
Aber Elliesen machte zugleich auch darauf aufmerksam, dass Vermittler und Clubs immer wieder Schlupflöcher fänden. Zum Beispiel schafften sie die Spieler als Studenten getarnt ins Ausland.
Gerade weil so viele junge Afrikaner ihren großen Fußballvorbildern nacheifern, werden sie anfällig für unseriöse Berater und fallen ihnen oft zum Opfer.

Seite 30

2 *Mögliche Zusammenfassung:*
Das Besondere des Kletterangebots besteht darin, dass es auf einem ehemaligen Industriegelände (Stahlhütte) stattfindet. Es werden beeindruckende Seilkonstruktionen angeboten.

Seite 31

4 **Hauptteil:** Ereignis/Erlebnis: eigene Teilnahme an der „Expedition Stahl"
Informationen zur „Expedition Stahl"
Vergangenheit: Information zum Hüttenwerk Meiderich
Gegenwart: Information zum Landschaftspark Duisburg-Nord
Schilderung des Wegs über die Hängebrücke
Kommentar
Schluss: persönliche Wertung

Seite 32

5 1. Abschnitt (Zeile 1–8): Ereignis
2. Abschnitt (Zeile 8–11): Hintergrundinformationen
letzter Satz (Zeile 11–12): Kommentar

6 *Mögliche Stichworte:*
Zeile 1–8: Infos zur „Expedition Stahl": Weg, der vom Boden über Brücken und Seile in Höhe führt, Eindrücke der Industrieanlage vermittelt, Interesse des Reporters/der Reporterin an dem Kletterangebot
Zeile 8–11: Hintergrundinformationen: Meidericher Eisenhütte, erbaut ab 1901, produzierte 1903–1985 Roheisen für die Stahlherstellung
Zeile 11–12: Kommentar: Umgestaltung zu Freizeitgelände ist positiv

Seite 33

7 *Mögliche Formulierungen:*
Seit 1989 wurde das alte Industriegelände zum modernen Freizeitpark umgestaltet. Der Park bietet den Besuchern viele Veranstaltungen und Führungen rund um das Ruhrgebiet und seine Geschichte. Aber es gibt auch viele Sportangebote. In einem Tauchsportzentrum und einem Klettergarten kommen Sportbegeisterte auf ihre Kosten. Eine besondere sportliche Herausforderung ist der Hochseilparcours, bei dem man durch die Industrieanlage klettert.

8 *Mögliche Sätze:*
Ja, und heute ist es endlich so weit! Ich bin im Landschaftspark. Vor mir erstreckt sich ein riesiges Gelände. Ein Gewirr von Stahlgerüsten, Rohren, Kesseln schraubt sich in die Höhe. Und da soll ich gleich drin rumklettern? Mir wird schon ganz mulmig. Dort, die Hochöfen! An einem baumelt die Strickleiter, die man wohl erklimmen muss. Wie hoch mag sie sein? 20 Meter? 30 Meter? Und das ist erst der Anfang. Hoffentlich schaffe ich es überhaupt, im Hochseilgarten anzukommen, wo es dann ja wohl erst richtig losgeht. Ich habe Angst, Angst, Angst.

Seite 34

9 *Mögliche Schilderung des Höhepunkts:*
Und nun muss ich die Hängebrücke entlang. Höhe: 30 Meter. Es gibt kein Geländer und es fehlen Sprossen. Lediglich ein Seil hängt über den Sprossen. Gnade! „Nur Mut!“, sagt der Kletterlehrer. „Noch niemand hat die Tour abgebrochen.“ Ich betrete die Brücke. Sie wackelt sehr. Aber ich muss mich überwinden, will mir ja schließlich keine Blöße geben. Ich mache weitere Schritte. Und dann schaue ich unwillkürlich nach unten. Ein Gewirr von alten, verrosteten Rohren, danach nichts mehr als die Tiefe. Mein Herz rast vor Angst, meine Knie werden weich. Ich kann mich nicht von der Stelle rühren. Meine Hände verkrampfen sich. Nur nicht das Seil loslassen! Bilde ich mir das nur ein, oder schwankt die Brücke jetzt heftiger als vorher? Da ruft mir einer der Teilnehmer zu: „Schau nicht nach unten und geh einfach ruhig weiter!“ Und die Kletterer, die schon auf der anderen Seite sind, feuern mich an: „Du schaffst es!“ 40 Meter liegen zwischen mir und dem sicheren Geländer – eine endlose Strecke. Nun schaltet sich auch der Kletterlehrer ein. „Es ist wichtig, in die Mitte der Bretter zu treten. Gehe gleichmäßig im Takt!“, sagt er mit fester, beruhigender Stimme. Inzwischen bin ich schweißgebadet. Ich zwinge mich, einen Schritt zu machen, dann den nächsten. Langsam und vorsichtig arbeite ich mich vorwärts, den Blick starr geradeaus. Nur nicht wieder nach unten sehen! Da taucht das Geländer auf, in greifbarer Nähe! Ich habe es geschafft! Mit letzter Kraft ziehe ich mich auf die sichere Plattform. Noch nie war ich so erleichtert und gleichzeitig so stolz auf mich. Im Siegestaumel schreie ich ganz laut: „Jaaaa!“

Seite 35

10 *Mögliche Begründungen:*
Der **Einstieg A** ist weniger gelungen, weil er nicht lebendig gestaltet ist. Er nennt nur in sachlicher Weise das Thema.
Der **Einstieg B** ist gelungen, weil er mitten ins Geschehen führt, die Herausforderung für den Reporter/die Reporterin verdeutlicht und Gefühle schildert (Ausrufezeichen, Fragezeichen).
Der **Einstieg C** ist gelungen, weil er den Ort des Geschehens und die Unternehmung benennt, die Situation des Reporters/der Reporterin beschreibt und Gefühle schildert.

11 *Möglicher eigener Schlusssatz:*
Ich habe das Abenteuer bestanden. Und ich bin froh, dass ich mich überwunden habe. Der Ausflug in den Klettergarten war wirklich ein ganz besonderes Erlebnis, an das ich noch lange denken werde.

12 *Mögliche Reportage (hier geschrieben aus weiblicher Sicht):*

Drahtseilakt im Ruhrgebiet

„Weiter!", rufen die anderen Teilnehmer der Kletterexpedition. Ich befinde mich auf einer Hängebrücke, die zwischen den Überresten eines einstigen Hochofens auf einem stillgelegten Industriegelände in Duisburg befestigt ist. Ich bin Teilnehmerin des abenteuerlichen Hochseilparcours „Expedition Stahl". Werde ich das Abenteuer bestehen?
„Eine Mischung aus ‚Industrial Culture' und einem außergewöhlichen körperlichen Erlebnis" las ich im Internet zur „Expedition Stahl". Und weiter hieß es: „Eisen und Stahlkonstruktionen, flackernde Lichter, Abgründe und nur ein ‚Weg', der dich vom sicheren Boden auf immer unglaublichere Weise in die Höhen der Location entführt. Wankende Brücken und abenteuerliche Seilkonstruktionen erfordern allen Mut. Als Belohnung bekommst du die imposantesten Eindrücke, die das ehemalige Industrieareal zu bieten hat." Ja, das klang ganz schön aufregend und verlockend. Und da ich nicht ohne sportlichen Ehrgeiz bin, meldete ich mich zur Teilnahme an der „Expedition Stahl" an. Ich musste unbedingt einmal das alte und neue Ruhrgebiet von oben erleben! Bei der einstigen Industrieanlage handelt es sich um die Meidericher Eisenhütte in Duisburg. Sie wurde ab 1901 gebaut, nahm ab 1903 ihren Betrieb auf und produzierte Roheisen, das für die Herstellung von Stahl benötigt wurde. Bedingt durch eine weltweite Überproduktion von Stahl hat man die Anlage seit den 1950-er-Jahren nach und nach stillgelegt. Seit 1985 ist sie endgültig geschlossen. Ab 1989 wurde das alte Industriegelände zum modernen Freizeitpark umgestaltet. Der Park bietet den Besuchern viele Veranstaltungen und Führungen rund um das Ruhrgebiet und seine Geschichte. Aber es gibt auch viele Sportangebote. In einem Tauchsportzentrum und einem Klettergarten kommen Sportbegeisterte auf ihre Kosten. Eine besondere sportliche Herausforderung ist der Hochseilparcours, bei dem man durch die Industrieanlage klettert.
Ja, und heute ist es endlich so weit! Ich bin im Landschaftspark. Vor mir erstreckt sich ein riesiges Gelände. Ein Gewirr von Stahlgerüsten, Rohren, Kesseln schraubt sich in die Höhe. Und da soll ich gleich drin rumklettern? Mir wird schon ganz mulmig.
Dort, die Hochöfen! An einem baumelt die Strickleiter, die man wohl erklimmen muss. Wie hoch mag sie sein? 20 Meter? 30 Meter? Und das ist erst der Anfang. Hoffentlich schaffe ich es überhaupt, im Hochseilgarten anzukommen, wo es dann ja wohl erst richtig losgeht. Ich habe Angst, Angst, Angst.
Die Strickleiter erklettere ich zu meinem Erstaunen ohne größere Schwierigkeiten. Das macht ja richtig Spaß! Weiter geht's! Ich bewältige eine Station nach der anderen und werde mit tollen Aussichten belohnt. Schon glaube ich, dass ich völlig grundlos ängstlich war.
Und nun muss ich die Hängebrücke entlang. Höhe: 30 Meter. Es gibt kein Geländer und es fehlen Sprossen. Lediglich ein Seil hängt über den Sprossen. Gnade! „Nur Mut!", sagt der Kletterlehrer. „Noch niemand hat die Tour abgebrochen." Ich betrete die Brücke. Sie wackelt sehr. Aber ich muss mich überwinden, will mir ja schließlich keine Blöße geben. Ich mache weitere Schritte. Und dann schaue ich unwillkürlich nach unten. Ein Gewirr von alten, verrosteten Rohren, danach nichts mehr als die Tiefe. Mein Herz rast vor Angst, meine Knie werden weich. Ich kann mich nicht von der Stelle rühren. Meine Hände verkrampfen sich. Nur nicht das Seil loslassen! Bilde ich mir das nur ein, oder schwankt die Brücke jetzt heftiger als vorher? Da ruft mir einer der Teilnehmer zu: „Schau nicht nach unten und geh einfach ruhig weiter!" Und die Kletterer, die schon auf der anderen Seite sind, feuern mich an: „Du schaffst es!" 40 Meter liegen zwischen mir und dem sicheren Geländer – eine endlose Strecke. Nun schaltet sich auch der Kletterlehrer ein. „Es ist wichtig, in die Mitte der Bretter zu treten. Gehe gleichmäßig im Takt!", sagt er mit fester, beruhigender Stimme. Inzwischen bin ich schweißgebadet. Ich zwinge mich, einen Schritt zu machen, dann den nächsten. Langsam und vorsichtig arbeite ich mich vorwärts, den Blick starr geradeaus. Nur nicht wieder nach unten sehen! Da taucht das Geländer auf, in greifbarer Nähe! Ich habe es geschafft! Mit letzter Kraft ziehe ich mich auf die sichere Plattform. Noch nie war ich so erleichtert und gleichzeitig so stolz auf mich. Im Siegestaumel schreie ich ganz laut: „Jaaaa!" Ja, ich habe das Abenteuer bestanden. Und ich bin froh, dass ich mich überwunden habe. Der Ausflug in den Klettergarten war wirklich ein ganz besonderes Erlebnis, an das ich noch lange denken werde.

Seite 36

1 Tim ist der Überzeugung, dass tägliches Trainieren im Sportverein sinnvoll ist.
Tims Vater hingegen meint, dass tägliches Trainieren einen jungen Menschen im Wachstum zu stark belastet.
Der Lehrer vertritt die Ansicht, dass Leistungssport Halt und Sinn gibt und die Entwicklung von jungen Menschen fördert.
Demgegenüber ist die Journalistin der Meinung, dass Leistungssport nur Leistungsdruck schafft und zudem junge Leute verheizt.

Seite 37

2 **für Leistungssport:** Heiner Henke, Anne Meier
gegen Leistungssport: Silke Brenner, Lisa Skepti

3 *Unterstrichene Argumente:*
Heiner Henke: er fördert Selbstvertrauen, Zielstrebigkeit und Selbstdisziplin
Anne Meier: trägt zur Entfaltung des sportlichen Potenzials bei

Silke Brenner: zu zeitintensiv, zu wenig Zeit für die Schule, anderen Hobbys und ihre Kontakte vernachlässigen
Lisa Skepti: große und einseitige Belastungen ... zu Beschwerden führen können

4 *Mögliche Sätze (die Redewiedergabe kann im Indikativ oder im Konjunktiv I stehen):*
Silke Brenner vertritt die Auffassung, dass Leistungssport problematisch ist/sei, **weil** die Jugendlichen viel Zeit aufwenden müssen/müssten und dabei die Schule, ihre Hobbys und ihre Freunde vernachlässigen/vernachlässigten.
Anne Meier vertritt den Standpunkt, dass Leistungssport sinnvoll ist/sei, **da** man durch ihn seine sportlichen Fähigkeiten ausbauen kann/könne.
Lisa Skepti ist der Ansicht, dass Leistungssport nicht unbedingt sinnvoll ist/sei, **denn** er belastet/belaste junge Menschen zu sehr und kann/könne Beschwerden verursachen.

Seite 38

5 a)–b) *Überzeugende Argumente für Leistungssport:*
- Stärkung des Selbstwertgefühls, der Zielstrebigkeit und Selbstdisziplin
- Förderung von sportlichen Neigungen und Talenten
- macht Spaß

Weniger überzeugende Argumente:
- gutes Training, gute Förderung
- Teilnahme an der Jugend-Olympiade, super

Überzeugende Argumente gegen Leistungssport:
- große körperliche Belastung mit möglichen gesundheitlichen Risiken
- zu wenig Zeit für Freunde
- Beeinträchtigung der schulischen Leistungen
- einseitige Entwicklung

Weniger überzeugende Argumente:
- nicht genügend Zeit für Computerspiele
- zu viel unterwegs
- zu teure Sportbekleidung

c) *Mögliche eigene Argumente für Leistungssport:*
- Mitgliedschaft in einer Mannschaft/einem Sportverein fördert Freundschaften
- man lernt, auch mit Niederlagen umzugehen

Mögliche eigene Argumente gegen Leistungssport:
- man betrachtet andere Sportler als Konkurrenten, das verhindert Freundschaften
- man glaubt, dass man nur wegen seiner sportlichen Leistung etwas wert ist

Seite 39

7 *Mögliche Gewichtung der Argumente* ***für Leistungssport:***
1. Stärkung des Selbstwertgefühls, der Zielstrebigkeit und Selbstdisziplin
2. Förderung von sportlichen Neigungen und Talenten
3. macht Spaß
4. Mitgliedschaft in einer Mannschaft/einem Sportverein fördert Freundschaften

Mögliche Gewichtung der Argumente ***gegen Leistungssport:***
1. große körperliche Belastung mit möglichen gesundheitlichen Risiken
2. Beeinträchtigung der schulischen Leistungen
3. zu wenig Zeit für Freunde
4. man glaubt, dass man nur wegen seiner sportlichen Leistung etwas wert ist

8/9 Leistungssport führt zu großen körperlichen Belastungen der Jugendlichen und kann gesundheitliche Risiken hervorrufen. (2)
Leistungssport fördert Selbstvertrauen, Zielstrebigkeit und Selbstdisziplin. (3)
Leistungssport ist bei einem guten und ausgewogenen Training förderlich. (1)

Seite 40

10 *Mögliche Ausformulierungen:*
Ich bin gegen Leistungssport für Jugendliche, weil er zu viel Zeit in Anspruch nimmt. So zeigt beispielsweise der Trainingsplan, dass mehrere Stunden Training pro Tag anfallen.
Ich bin dafür, dass Jugendliche keinen Leistungssport treiben, damit ihnen mehr Zeit für Schulisches bleibt. Man denke etwa daran, dass ihnen genügend Zeit für Hausaufgaben bleiben muss oder auch für die Teilnahme an Schulveranstaltungen.
Ich bin der Überzeugung, dass Leistungssport für junge Menschen ungünstig ist, weil Freundschaften vernachlässigt werden. Dies erkennt man schon daran, dass es schwierig ist, regelmäßig zu Treffen zu gehen oder an gemeinsamen Kinobesuchen oder Ausflügen teilzunehmen.

11 *Mögliches weiteres Argument und Stütze:*
Ich bin **für Leistungssport** für Jugendliche, weil die Mitgliedschaft in einer Mannschaft oder in einem Sportverein Freundschaften fördert. Man denke beispielsweise an das gemeinsame Interesse am Sport und die viele Zeit, die die Jugendlichen im Training miteinander verbringen.

Ich bin **gegen Leistungssport** für Jugendliche, weil die Jugendlichen glauben könnten, dass sie nur durch ihre sportliche Leistung etwas wert sind. Dies erkennt man schon daran, wie frustriert manche der jungen Sportler sind, wenn es einmal nicht so gut läuft.

Seite 41

12 *Mögliche Argumentation* ***für den Leistungssport:***
Ich bin dafür, dass Jugendliche Leistungssport treiben. Ein Argument, das dafür spricht, ist dass Leistungssport gut gegen das Abschlaffen vor Fernseher und Computer schützt. So weist eine Untersuchung darauf hin, dass viele Jugendliche in der Pubertät immer unsportlicher werden. Besonders wichtig ist, dass Leistungssport das Selbstwertgefühl stärkt. Dies sieht man schon daran, dass die Jugendlichen ihre körperliche Stärke erkennen, sportliche Erfolge haben und erfahren, wie es ist, Sieger zu sein. Weiterhin können Jugendliche beim Leistungssport ihre besondere Neigung und ihr Talent für eine Sportart ausleben. Dies kann dadurch belegt werden, dass das Hobby Sport für manchen

Jugendlichen später zum Beruf wird. Außerdem fördert die Mitgliedschaft in einer Mannschaft oder in einem Sportverein Freundschaften. Man denke beispielsweise an das gemeinsame Interesse am Sport und die viele Zeit, die die Jugendlichen im Training miteinander verbringen.

Mögliche Argumentation ***gegen den Leistungssport:***
Ich bin dagegen, dass Jugendliche Leistungssport treiben. Ein Argument, das dagegen spricht, ist, dass Leistungssport die ganze Freizeit beherrscht. Ein Beispiel dafür ist, dass andere Freizeitinteressen nach und nach verschwinden, sodass es zu Einseitigkeit kommt. Außerdem führt Leistungssport zu einer Doppelbelastung durch Schule und Sport. Man denke beispielsweise an die Anzahl der Trainingsstunden, die jeden Tag zusätzlich zu den Schulstunden anfallen. Besonders wichtig ist, dass die frühe Spezialisierung auf eine Sportart gerade für Jugendliche im Wachstum schädlich ist. So zeigen Untersuchungen, dass falsches und einseitiges Training Gelenkverschleiß zur Folge hat. Weiterhin könnten Jugendliche glauben, dass sie nur durch ihre sportliche Leistung etwas wert sind. Dies erkennt man schon daran, wie frustriert manche jungen Sportler sind, wenn es einmal nicht so gut läuft.

Seite 42

13 *Die folgenden Aussagen treffen zu:*
A berücksichtige ich, für wen ich schreibe.
B versuche ich, das Interesse der Adressaten/Leser zu wecken.
D nenne ich das Thema.
E beziehe ich mich auf ein aktuelles Ereignis, das zum Thema passt.

14 *Mögliche Begründungen:*
Einleitung A ist weniger gelungen, weil sie die Argumentation in sachlicher Form ankündigt, aber das Interesse des Lesers oder der Leserin kaum zu wecken vermag.
Einleitung B ist weniger gelungen, weil zwar das Thema vorgestellt wird, aber die Nennung des eigenen Namens unpassend ist. Zudem wird die eigene Meinung schon angedeutet.
Einleitung C ist gelungen, weil sie einen aktuellen Bezug herstellt und in das Thema einführt.

15 *Mögliche eigene Einleitung:*
Im Januar 2012 finden in Österreich die ersten Olympischen Winterspiele für Jugendliche statt. Junge Leistungssportler aus der ganzen Welt treten gegeneinander an. Doch beim Thema „Jugendliche und Leistungssport“ gehen die Meinungen weit auseinander.

Seite 43

16 *Mögliche Schlussteile:*
Zusammenfassend kann man sagen, dass Leistungssport für Jugendliche sinnvoll ist, weil er zur Entwicklung der Persönlichkeit beiträgt und das Selbstbewusstsein stärkt.

Abschließend lässt sich sagen, dass Leistungssport für Jugendliche abgelehnt werden muss, weil er einseitige Belastungen mit sich bringt, gesundheitliche Risiken birgt und wenig Zeit für Freunde lässt.

Seite 44

1 b) *Beim Schreiben können alle genannten Schwierigkeiten A bis C zutreffen.*

2 a) Be wer bungs un ter la gen map pe   Be rufs be ra tungs ter min
Gleich stel lungs be auf trag te   Ein stel lungs be din gun gen   Auf ga ben er le di gung
Schlüs sel fer tig bau fir ma   Wei ter bil dungs an ge bot   Be rufs ein stei ger se mi nar
Prak ti kums be richts zen sur

b) *Diese Aussagen über Silben sind richtig:*
Silben sind Sprecheinheiten.
Die meisten Silben bestehen aus mehreren Buchstaben.
Jede Silbe enthält einen Vokal.

3 a) Bewerbungs | unterlagen | mappe = Mappe mit Unterlagen zur Bewerbung
Berufs | beratungs | termin = Termin zu einer Beratung, die Berufe betrifft
Gleich | stellungs | beauftragte = Frau, die damit beauftragt ist, sich um die Gleichberechtigung von Mann und Frau zu kümmern
Einstellungs | bedingungen = Bedingungen, unter denen jemand eingestellt wird
Aufgaben | erledigung = Erledigung von Aufgaben
Schlüssel | fertig | bau | firma = Firma, die Bauten schlüsselfertig herstellt
Weiter | bildungs | angebot = Angebot zur weiteren Bildung
Berufs | einsteiger | seminar = Seminar für Menschen, die in einen Beruf einsteigen möchten
Praktikums | berichts | zensur = Zensur für den Bericht über das Praktikum

b) Es ist das **s**.

Seite 45

4 a) Or ga ni sa ti on, Mil li ar de, Bil li on, Bat te ri en,
In ter ak ti on, Bak te ri en, Al ler gi en, Pro duk ti on,
Kal ku la ti on, Kon fi se rie, Prak ti kum, Ko o pe ra ti on

5 *b) Diese Sätze solltest du angekreuzt haben:*
qu schreibt man anders, als man spricht.
qu spricht man **kw.**

6

Querkopf	Quartal
Quecksilber	Quote
qualmen	Quadrat
Qualitätsnorm	Quacksalber
Querschiff	Quasselstrippe
quietschen	Quetschwunde

7 b) **Y** spricht man oft wie **ü.**

c) Byzanz, Cyanid, Pyjama, Pyrenäen, Pyrotechniker, Python, Sylt, Synthese, Zyklon, Zyklop, Zyklus, Zylinder, Zyniker, Zyste

Seite 46

8 a) Man spricht, wie man schreibt: Hefte, Stifte, Schule, Tinte
Man spricht anders, als man schreibt: Ber**g**, Zu**g**, Lan**d**, Lo**b**, Stran**d**, Wan**d**, We**g**, Bil**d**

b) *Verlängerte Wörter:*
Berg – Berge, Zug – Züge, Land – Länder, Lob – loben, Strand – Strände, Wand – Wände, Weg – Wege, Bild – Bilder

c) *Mögliche Regelformulierung:*
Dazu muss ich bei Nomen den Plural (die Mehrzahl) bilden und bei Verben den Infinitiv (die Grundform). Dann wandert der problematische Buchstabe vom Wortende in die Wortmitte und wird richtig hörbar.

9 Bergwanderschuhe → Berge
Farbprobe → Farben
Kalbsbraten → Kälber
Werkzeugbank → werken, Werkzeuge
Staubsaugerbeutel → stauben
Windbeutelfüllung → Winde

Seite 47

10 b) mei nen schimp fen le gen hal ten pfle gen rech nen fin den
der Win ter die Wei de die Vö gel die Tan te der On kel die Tul pe der Bra ten
die Zel te die Schu le der Mor gen die Beu te der Gar ten der Wa gen die Hef te

11 *Diese Aussagen treffen zu:*
A Alle Silben haben einen Vokal oder einen Doppellaut.
D Alle Silben enden entweder mit einem Vokal oder mit einem Konsonanten.

12 + 14

Die **erste Silbe** des Wortes endet mit einem Vokal. Sie ist **offen.**	Die **erste Silbe** endet mit einem Konsonanten. Sie ist **geschlossen.**
meinen, legen, pflegen, die Weide, die Vögel, der Braten, die Schule, die Beute, der Wagen weinen, kneifen, pflegen, scheinen, laufen, die Häuser, die Mäuse, die Bücher, grüner, blauer, lauter, weiter	schimpfen, halten, rechnen, finden, der Winter, die Tante, der Onkel, die Tulpe, die Zelte, der Morgen, der Garten, die Hefte halten, rutschen, die Rinder, die Töpfe, die Säfte, die Sterne, runder, kürzer, härter
Ergebnis – kreuze an: ☒ Den Vokal oder Doppellaut spricht man lang. ☐ Den Vokal spricht man kurz.	**Ergebnis** – kreuze an: ☐ Den Vokal spricht man lang. ☒ Den Vokal spricht man kurz.

13 er weint, er kneift, sie pflegt, sie hält, sie scheint, er läuft, er rutscht, das Rind, das Haus, die Maus, der Topf, der Saft, der Stern, das Buch, grün, blau, laut, rund, kurz, hart

14 *Die Lösung findest du in der Tabelle zu Aufgabe 12.*

Seite 48

1 die Ro se – die Rös ser die Hü te – die Hüt te die Wa ben – wab beln
der Sa men – sam meln die Scha fe – schaf fen be ten – die Bet ten

2

Wörter mit einfachem Konsonanten	Wörter mit doppelten Konsonanten
die Rose, die Hüte, die Waben, der Samen, die Schafe, beten	die Rösser, die Hütte, wabbeln, sammeln, schaffen, die Betten
Ergebnis – kreuze an: ☐ Die erste Silbe ist geschlossen. ☒ Die erste Silbe ist offen.	**Ergebnis** – kreuze an: ☒ Die erste Silbe ist geschlossen. ☐ Die erste Silbe ist offen.

3 Doppelte Konsonanten schreibt man nur, wenn die erste Silbe geschlossen ist.

4 die Pum pe – der Pum mel   hal ten – hal len   schwär men – schwim men

die Wel ten – die Wel len   die Käl te – der Kel ler   die Kan te – die Kan ne

5

erste Silbe geschlossen (kurzer Vokal), an der Silbengrenze ...	
zwei *unterschiedliche* Konsonanten	zwei *gleiche* Konsonanten
die Pumpe, halten schwärmen, die Welten die Kälte, die Kante	der Pummel, hallen schwimmen, die Wellen der Keller, die Kanne

6 Doppelte Konsonanten schreibt man nicht, wenn an der Silbengrenze zwei *unterschiedliche* Konsonanten stehen.

Seite 49

7 der Fall – die Fälle   der Wald – die Wälder   wild – wilder
die Qual – die Qualen   still – stiller   der Stil – die Stile

8

erste Silbe offen	erste Silbe geschlossen	
	an der Silbengrenze: zwei **unterschiedliche** Konsonanten	an der Silbengrenze: zwei **gleiche** Konsonanten
die Qualen, die Stile	die Wälder, wilder	die Fälle, stiller

9 die Baumwollstrumpfhose – die Baumwolle und die Strumpfhose
die Schaffelljacke – die Schafe und die Felle
die Stiftsockellampe – die Stifte, der Sockel und die Lampe
Körperfettmessgerät – die Körperfette und messen

10

		P	A	S	S	S	T	R	A	S	S	E	N	S	P	E	R	R	E	R	
			P	R	O	Z	E	S	S	S	T	E	U	E	R	E	R				
M	E	T	A	L	L	L	A	M	P	E	N	H	E	R	S	T	E	L	L	E	R
K	O	N	T	R	O	L	L	L	E	U	C	H	T	E	N	B	A	U	E	R	
			S	C	H	W	I	M	M	M	E	I	S	T	E	R					
B	A	L	L	E	T	T	T	Ä	N	Z	E	R									
I	M	B	I	S	S	S	T	U	B	E	N	B	E	S	I	T	Z	E	R		
			S	C	H	I	F	F	F	A	H	R	T	S	K	A	P	I	T	Ä	N
S	C	H	N	E	L	L	L	Ä	U	F	E	R									

Pass | straßen | sperrerin – die Pässe

Prozess | steuerin – die Prozesse

Metall | lampen | herstellerin – die Metalle

Kontroll | leuchten | bauerin – die Kontrolle

Schwimm | meisterin – schwimmen

Ballett | tänzerin – die Ballette

Imbiss | stuben | besitzerin – die Imbisse

Schiff | fahrts | kapitänin – die Schiffe

Schnell | läuferin – schneller

Seite 50

11

der Ha ken das Pa ket spu ken hä keln	die Har ke der Er ker spur ten schen ken	die Hac ke die Hec ke spuc ken schic ken
Ergebnis – kreuze an: ☒ Die erste Silbe ist offen. ☐ Die erste Silbe ist geschlossen. ☒ An der Silbengrenze hört man einen Konsonant.	**Ergebnis** – kreuze an: ☐ Die erste Silbe ist offen. ☒ Die erste Silbe ist geschlossen. ☐ An der Silbengrenze hört man zwei gleiche Konsonanten. ☒ An der Silbengrenze hört man zwei unterschiedliche Konsonanten.	**Ergebnis** – kreuze an: ☐ Die erste Silbe ist offen. ☒ Die erste Silbe ist geschlossen. ☒ An der Silbengrenze hört man zwei gleiche Konsonanten. ☐ An der Silbengrenze hört man zwei unterschiedliche Konsonanten.

12 die Ker ze, die Ka pu ze, die Schür ze, nut zen, scher zen, der Wei zen, die War ze bei zen, put zen, pur zeln, het zen, seuf zen, rit zen, wit zeln

13

offene Silbe	geschlossene Silbe	
	zwei unterschiedliche Konsonanten	zwei gleiche Konsonanten (hier tz)
die Ka pu ze, der Wei zen, bei zen, glüc ken, ver rüc ken, die Dic ke	die Ker ze, die Schür ze, scher zen, die War ze, pur zeln, seuf zen, kal ken, den ken, len ken, flin ke, kran ke, wel ken, die Ärz te, die Scher ze, trot zen, schwän zen, glän zen, stol ze,	nut zen, het zen, rit zen, wit zeln die Wit ze, schwit zen, schüt zen, die Spit ze, die Rit zen

14 a) der Fle**ck**, das Glü**ck**, der Kal**k**, der Ru**ck**
er/es: den**k**t, de**ck**t, len**k**t, le**ck**t
flin**k**, kran**k**, wel**k**, di**ck**

der Ar**z**t, der Scher**z**, der Wi**tz**, der Tro**tz**
er/es: schwi**tz**t, glän**z**t, schü**tz**t
spi**tz**, der Glan**z**, stol**z**, geri**tz**t

b)

k	ck	z	tz
die Kal ke, den ken, len ken, flin ker, krän ker, wel ker	die Flec ken, glüc ken, ruc ken, dec ken, lec ken, dic ker	die Ärz te, die Scher ze, glän zen, stol zer	die Wit ze, trot zen, schwit zen, schüt zen, spit zer, rit zen

Seite 51

15 b) *Diese Antwort solltest du angekreuzt haben:*
Die s-Laute klingen alle gleich.

c)/d) das Glas – die Glä ser, heiß – hei ßer, der Kuss – die Küs se, der Hals – die Häl se,
muss – müs sen, das Gras – die Grä ser, der Spaß – die Spä ße,
der Pass – die Päs se, die Gans – die Gän se, hasst – has sen

16 + 17

erste Silbe geschlossen	
zwei unterschiedliche Konsonanten	**zwei gleiche Konsonanten**
die Häl se, die Gän se brem sen, die Kreb se, erns te	die Küs se, müs sen, has sen las sen, die Bäs se, fres sen
Ergebnis – kreuze an: Der s-Laut klingt im verlängerten Wort ☒ stimmhaft (summend). ☐ stimmlos (zischend).	**Ergebnis** – kreuze an: Der s-Laut klingt im verlängerten Wort ☐ stimmhaft (summend). ☒ stimmlos (zischend).

Seite 52

18

erste Silbe offen	
Wörter mit s	**Wörter mit ß**
die Glä ser, die Gän se, die Grä ser, der Wei se, lei se, die Mei se, die Krei se, lo se, die Do se	hei ßer, die Spä ße, wei ßer, drau ßen, au ßen, bei ßen, hei ßen, die Ma ße
Ergebnis – kreuze an: Das s klingt im verlängerten Wort ☒ stimmhaft (summend). ☐ stimmlos (zischend).	**Ergebnis** – kreuze an: Das ß klingt im verlängerten Wort ☐ stimmhaft (summend). ☒ stimmlos (zischend).

19 die Masern, das Gas, spießig, er las, mies, draußen, heiß, der Fleiß, das Maß, die Bluse, außen, der Kies, faseln, das Gefäß, der Käse, der Fraß

20 Wei__würstchen – wei ßer, also: Weißwürstchen
Ga__geruch – die Ga se, also: Gasgeruch
Schlie__fach – schlie ßen, also: Schließfach
Ma__band – die Ma ße, also: Maßband
Bewei__material – be wei sen, also: Beweismaterial

21 Bio | gaß | anlage – die Ga se, also: Biogasanlage
Weiß | heits | zähne – wei se, also: Weisheitszähne
Glass | bläser – die Glä ser, also: Glasbläser
Mass | anzug – die Ma ße, also: Maßanzug
Weis | wursthersteller – wei ße, also: Weißwursthersteller
Fuss | ballschuhe – die Fü ße, also: Fußballschuhe

Seite 53

22 *Mögliche Beispielwörter:*

erste Silbe offen		erste Silbe geschlossen	
die Ro se die Do se, die Va se, die Bla se, die Na se, die Lo se, der Ra sen, hau sen, die Flau sen, die Läu se	die Ma ße, a ßen, hei ßen, die Ma ße, drau ßen, au ßen	die Tren se brem sen, hän seln, win seln, pin seln	die Tras se die Ras se, die Kas se, das Las so, die Näs se, fres sen
Der s-Laut wird stimmhaft gesprochen.	Der s-Laut wird stimmlos gesprochen.	An der Silbengrenze stehen zwei verschiedene Konsonanten.	An der Silbengrenze stehen zwei gleiche Konsonanten (Doppelkonsonant).

23 un | mä | ßig, denn die Ma ße; un | er | mess | lich, denn mes sen; ge | nüss | lich, denn die Ge nüs se; spaß | ig, denn die Spä ße; un | lös | bar, denn lö sen; drei | ßig, denn drei ßig; lös | lich, denn lö sen; mess | bar, denn mes sen; fels | ig, denn der Fel sen; schließ | lich, denn schlie ßen; preis | lich, denn die Prei se; nach | weis | lich, denn wei sen; un | zer | reiß | bar, denn rei ßen; ver | zins | bar, denn die Zin sen; der Fies | ling, denn fie ser; häus | lich, denn die Häu ser; der Spröss | ling, denn die Spros se; süß | lich, denn sü ßer; ge | nieß | bar, denn ge nie ßen

24

schließen	er schloss	er hat geschlossen
lassen	er ließ	er hat gelassen
essen	er aß	er hat gegessen
gießen	er goss	er hat gegossen
beißen	er biss	er hat gebissen
sitzen	er saß	er hat gesessen

25 *Mögliche Wörter:*
die Missachtung, missbilligen, das Missgeschick, missfallen, missglücken

26 gie ren, schwim men, die Zi tro ne, spie len, die Stim me, die Zi gar re, wie gen, die Vi ta mi ne, die Mar ga ri ne, die Wie se, die Zie le, flie gen, der Frie den, frie ren, die Si re ne, schimp fen, rie chen, sie ben, die Mi nu te, sprit zen, tie fer, flie ßen, die Li te ra tur, trin ken, bit ten, wic keln, der Dich ter, der Di a log, die Zi ta del le, die Man da ri ne, der Die ner, lis peln, die Glie der, glim men, die Kin der

27

Wörter mit ie	Wörter mit i
die Mie te die Lie be der Rie se gie ren, spie len, wie gen, die Wie se, die Zie le, flie gen, der Frie den, frie ren, rie chen, sie ben, tie fer, flie ßen, der Die ner, die Glie der, die Mie ne	die Mil de die Lip pe die Rin der schwim men, die Stim me, sprit zen, schimp fen, trin ken, bit ten, wic keln, der Dich ter, lis peln, glim men, die Kin der,

28 Man schreibt nur **ie,** wenn die erste Silbe offen ist.

29 schiebt – schie ben, viel – vie les, lieb – lie ber, der Hieb – die Hie be, schief – schie fer, der Dieb – die Die be, dies – die ser, mild – mil der, mies – mie ser, der Sieg – die Sie ge, dick – dic ker, schießt – schie ßen

Wenn man die Einsilber verlängert, sieht man, dass die Regel 1 für das lange **i** zutrifft.

30 die Zi tro ne, die Zi gar re, die Vi ta mi ne, die Mar ga ri ne, die Mi nu te, die Li te ra tur, die Man da ri ne, die Zi ta del le

31 In mehrsilbigen Wörtern enden offene Silben meist mit **i.**

Seite 55

32

Briefmarke – Brief|marke – Brie fe	1. Silbe offen
Tierschützer – Tier|schützer – Tie re	1. Silbe offen
Filmrolle – Film|rolle – Fil me	1. Silbe geschlossen
Biergläser – Bier|gläser – Bie re	1. Silbe offen
Zielgerade – Ziel|gerade – Zie le	1. Silbe offen
Spießbraten – Spieß|braten – Spie ße	1. Silbe offen

Kriechtier – krie chen und Tie re
Zierkürbis – zie ren und Kür bis se
Blindfisch – Blin der und Fi sch

33 Fies[ling] – fie ser
Lieb[ling] – lie ben
Find[ling] – fin den
[Neu]gier – gie ren
bild[lich] – bil den
[be]dient – die nen
[ver]liebt – lie ben
[be]siegt – sie gen

Seite 56

34 1 Sirup, 2 Fibel, 3 minus, 4 Figur, 5 Prise, 6 Primel, 7 Liga, 8 Bibel, 9 Silo, 10 Kino, 11 Tiger, 12 Biber

35 vol ti gie ren   di vi die ren   mul ti pli zie ren   mu si zie ren

36 ziemlich nie Stofftier Ziegenbart Familie Grießbrei sie mies lies
Bierzeltgarnitur Niederlage Silikon Niederholz hier Hiebwunde dies die
siebzehn Gießkanne neugierig schließlich Schießanlage wie riechen Liege

Seite 57

37 *b) Richtig ist:*
Das **h** kann man nicht hören.

38 + 39

Wörter mit Dehnungs-h	Wörter mit silbenöffnendem h
gäh nen woh nen Zah len	dro hen mä hen fle hen
füh ren eh ren fah ren	sprü hen nä hen zie hen
Ergebnis – kreuze an: ☒ Das **h** gehört zur ersten Silbe. ☐ Das **h** gehört zur zweiten Silbe. ☐ Das **h** hört man im Zweisilber. ☒ Das **h** hört man nicht im Zweisilber. ☒ Ohne **h** würde das Wort gesprochen wie mit **h**.	**Ergebnis** – kreuze an: ☐ Das **h** gehört zur ersten Silbe. ☒ Das **h** gehört zur zweiten Silbe. ☒ Das **h** hört man im Zweisilber. ☐ Das **h** hört man nicht im Zweisilber. ☐ Ohne **h** würde das Wort gesprochen wie mit **h**.

40

Wörter mit silbenöffnendem h	Wörter mit Dehnungs-h
die Ze hen, die Schu he, die Zeh ner, ge hen, frü her, blü hen, fro her, se hen, ru hen, we hen	die Zäh ne, die Oh ren, lah mer, zah mer, woh nen, die Häh ne,

Seite 58

41 Leih|wagen – lei hen
Glüh|würmchen – glü hen
Zahn|arzt|praxis – Zäh ne
Roh|kost|salat – ro he

Bohr|maschine – boh ren
Fahr|rad|halter – fah ren
Wohn|ung|s|tür – woh nen
Wahr|heit – wahr

42 A Im Sommer kann man froh sein, eine kühle Wohnung zu haben.

B Heute ermöglichen Kühlschränke die Aufbewahrung der Nahrungsmittel auch bei hohen Außentemperaturen.

C In früheren Jahren nahm man hohe Risiken auf sich, weil durch Bakterien viele Krankheiten drohten.

43 wohnen, fliehen, nähren, drehen, fühlen, kühlen, fehlen, gehen, zahlen, nehmen, fahren, Nahrung, Gefahr, Befehl, ohne, Uhr, Flöhe, kahl, Jahre, drohen, stehen, Bühne, Bohne

44

ah|äh	eh	oh	uh|üh
nähren, zahlen, fahren, Nahrung, Gefahr, kahl, Jahre	fehlen, nehmen, Befehl	wohnen, ohne, Bohne	fühlen, kühlen, Uhr, Bühne

45 *Mögliche Wörter:*
fehlen: unfehlbar, verfehlen, Fehler, Fehlerwörter, Fehlerquotient, Fehlzeit, Fehlzündung, Fehlerquelle
lehren: lehrreich, belehren, Lehrer, Lehrjahre, Lehrling, Lehrgeld, Lehrwerkstatt
fahren: fahrbar, fahrig, verfahren, Fahrrad, Fahrer, Fahrersitz, Fahrprüfung, Fahrstunde, Fahrtenschwimmer, Fährtensucher

Seite 59

2 Der „Draußenseiter“
Wo interviewt man einen Menschen, der tausend Kilometer ohne Nahrung durch Deutschland gewandert ist, dreimal den Atlantik auf selbst gebauten Flößen überquert hat, sich allein durch den Dschungel Brasiliens schlug und 25 bewaffnete Raubüberfälle überlebte? Draußen, natürlich.
„Ich hab's Lagerfeuer schon angemacht“, ruft Rüdiger Nehberg, als er uns aus dem Dachgeschossfenster seines Hauses in Rausdorf bei Hamburg zuwinkt.
Keine Minute später öffnet sich die Tür zum Privatreich des Abenteurers.

3 Beispiele für die **Artikelprobe:** der Atlantik, das Lagerfeuer, der Dschungel Brasiliens
Beispiele für die **Adjektivprobe:** die wichtige Nahrung, die offene Tür, die riesige Schatzkammer
Beispiele für die **bestimmte/unbestimmte Mengenangabe:** vier Flöße, viele Häuser, zehn Kilometer einige Menschen, wenige Minuten

Seite 60

4 a) *Richtig markierte Nomen:*
Gewehren, Macheten, Affenschädeln, Protest-Transparenten, Miniaturmodellen, Atlantikboote, Wänden, Dachbalken, Gästen, Kaffee, Iglus, Wildschweine, Maden, Fachwerkhaus, See, Enten, Wildgänsen, Lagerfeuer, Bisamratte, Nehberg, Wasserkaninchen, Fell, Mützen, Abenteurer, Tier, Kopf, Ratten, Schlangen, Nehberg, Wüsten, Urwälder

Markierte Wörter, die aber keine Nomen sind:
großformatigen, notfalls, einmal

b) *Nomen, die übersehen wurden:*
Schlangenhaut, Paradies, 75-Jährige, Spinnen

c) *Mögliche Lösung:*
zwei Gewehre, die Macheten, alte Affenschädel, farbige Protest-Transparente, viele Miniaturmodelle, einige Atlantikboote, kalter Kaffee, schiefe Wände

5 + 6 *Die Nomen sind grau markiert:*
Seit 1935 entdeckt rüdiger nehberg die welt – zunächst nur in bielefeld. Geboren in einer bankiersfamilie, in der „alles geordnet war, bis zur zehnten stelle hinter dem komma", zeichnete sich bei ihm schon früh eine gewisse abenteuerlust ab. Als vierjähriger wollte er allein seine oma besuchen. Die polizei fand ihn unter einem rhododendronstrauch, nur mit einer zeitung zugedeckt. „Und da lernte ich eben, dass man reisen anders planen muss", schmunzelt nehberg. Das tat er. Als 17-jähriger bäckerlehrling fuhr er mit seinem rad nach marokko. Seinen eltern erzählte er, er sei in paris. „Ein freund hat dann jede woche eine karte geschickt – die hatte ich alle vorgefertigt." Nehberg lacht heute noch über die ahnungslosigkeit seiner familie. „Ich schrieb dann vom eiffelturm, meine eltern waren glücklich und ich war in wirklichkeit in marrakesch und habe schlangenbeschwörung gelernt mit der flöte."

Seite 61

7 Ich habe am frühen Morgen noch keinen Hunger.
Spätestens am Mittag freue ich mich auf das Essen.
Nur am Abend essen wir alle gemeinsam.
In der Nacht werde ich oft mit Heißhunger wach.

Ich habe morgens keinen Hunger, aber morgen werde ich mit dir frühstücken.
Spätestens mittags freue ich mich auf das Essen.
Nur abends essen wir alle gemeinsam.
Ich werde oft nachts mit Heißhunger wach.

8 *Diese Aussagen sind richtig:*
Die Tageszeiten werden großgeschrieben, wenn ein Begleiter davorsteht. (Artikelprobe)
Die Tageszeiten werden großgeschrieben, wenn ein Adjektiv davorsteht. (Adjektivprobe)
Die Tageszeiten werden kleingeschrieben, wenn ein **s** angehängt ist. (Adverb)

9 *Mögliche Sätze:*
Als ich gestern Nachmittag auf dem Sportplatz war, schien die Sonne, aber seit heute Morgen regnet es.
Ich gehe morgen Abend ins Kino.
Meine Oma hatte vorgestern Geburtstag und die Feier dauerte bis in die Nacht.
Sollen wir uns übermorgen am Vormittag treffen?

10 Am Mittwoch haben wir den besten Stundenplan.
Der frühe Mittwochabend gehört dem Fußball.
Klaus fehlt von Mittwoch bis Freitag.

Den besten Stundenplan haben wir mittwochs.
Wir spielen mittwochs spät noch Fußball.
Klaus fehlt von mittwochs bis freitags.

11 *Diese Aussagen sind richtig:*
Die Wochentage werden großgeschrieben, wenn ein Begleiter davorsteht. (Artikelprobe)
Die Wochentage werden großgeschrieben, wenn ein Adjektiv davorsteht. (Adjektivprobe)
Die Wochentage werden kleingeschrieben, wenn ein **s** angehängt ist. (Adverb)

Seite 62

1 a) Das Mädchen, das gut im Frauenfußball ist, spielt im Verein.

b) Ich weiß, dass das Mädchen im Verein spielt.

c) Das Wort „das" im ersten Satz ist ein Relativpronomen, denn es bezieht sich auf das sächliche Nomen „(das) Mädchen".
Das Wort „dass" im zweiten Satz ist eine Konjunktion, denn es bezieht sich auf das Verb „wissen" („weiß") und leitet einen Nebensatz ein.

2 *Mögliche Nomen:*
das Foto, das Haus, das Auto, das Kind, das Fahrrad, das Tier, das Handy, das Unglück, das Gerät, das Beispiel

3 *Mögliche Satzgefüge:*
Die Familie zog in das Haus, **das** ihr am besten gefiel.
Wir hatten das Kind, **das** am Strand spielte, noch nie zuvor gesehen.
Sie bekam zu Weihnachten das Fahrrad, **das** sie sich gewünscht hatte.
Welches Zubehör gibt es zu dem Handy, **das** ich kaufen möchte?
Die Reporter berichteten über das Unglück, **das** sich in China ereignet hatte.
Der Schüler überlegte sich für sein Referat ein Beispiel, **das** sehr anschaulich war.

4 *Mögliche Sätze mit „dass":*
Die Familie glaubt, **dass** sie sich in dem Haus wohl fühlen wird.
Wir vermuteten, **dass** die Eltern des Kindes etwas essen gegangen waren.
Sie sagt, **dass** sie jetzt immer mit dem Fahrrad zur Schule fahren will.
Ich sehe, **dass** dort drüben einige schicke Handytaschen liegen.
Die Reporter sagten, **dass** viele Menschen verletzt worden seien.
Der Schüler denkt, **dass** er für sein Referat eine gute Note bekommen wird.

Seite 63

1 Lena ist eine gute Fußballerin, so gut, dass sie eine Sportschule für Jungen besuchen kann.
Sie hofft, dass sie sich beim Training mit den Jungen nicht verletzt.
Es ist ungewöhnlich, dass ein Mädchen eine solche Spezialschule besucht.

2 A Am Donnerstag hatte ich einen Unfall. Kein Wunder, denn donnerstags haben wir Sport.
B Wir treffen uns mittwochs immer am frühen Abend und spielen Karten. Dabei merken wir oft erst spät in der Nacht, wie lange wir schon wieder gespielt haben.

3 *Diese Aussagen sind richtig:*
Für die Schreibung des **ie** braucht man das Schwingen als Grundstrategie.
Man schreibt **ie**, wenn die erste Silbe offen ist.
Einsilber muss man verlängern, um die Regel zur **ie**-Schreibung anzuwenden.
Mehrsilbige Wörter, die man nicht zerlegen kann, schreibt man in der Regel nicht mit **ie**.

4 Alein unter Schalker Jungs

Es gibt sie also doch, die schwarz-gelbe-köniegsblaue Freuntschaft. Alexandra Popp, eines der grössten Talente des deutschen Frauenfussbals, trit jeden Tag aufs Neue den Beweiß dafür an. Die Defensievspielerin des FCR Duisburg baut ihr Abitur an der Gelsenkirchener Elieteschule für Fussball und trainiert als einziges Mädchen unter Schalker Jungs. Als wäre dieser Umstant nicht schon besonders genug, setzt die 18-Jährige noch einen drauf: „Ich bin BVB-Fan."

Wer Alexandra Popp beim Turnier kenen lernt, bemerkt schnel: Die U-20-Nationalspielerin ist nicht nur technisch und athletisch gut ausgebildet, sie ist kek genuk, allein unter Männern ihre Frau zu stehen.

„Anfangs haben die schon blöde gegukt, als ich quasi als No-go da ankamm. Aber als ich dann ein paar Tricks gezeigt habe, haben sie mich schnell akzeptiert", erinert sich Alexandra Popp. Keine dumen Sprüche? „Na ja, wie Jungs eben so sind, sie haben mir einen Beinschus gegeben, ich habe gelacht und alles war gut."

Teste dein Wissen

1 *Setze ein: das oder dass?*

Lena ist eine so gute Fußballerin, so ________ sie eine Sportschule für Jungen besuchen kann.

Sie hofft, ________ sie sich beim Training mit den Jungen nicht verletzt.

Es ist ungewöhnlich, ________ ein Mädchen eine solche Spezialschule besucht.

Es ist aber zu hoffen, ________ der Anteil der Mädchen größer wird. 4 P.

2 *Klein oder groß?*

A Am _onnerstag hatte ich einen Unfall. Kein Wunder, denn _onnerstags haben wir Sport.

B Wir treffen uns _ittwochs immer am frühen _bend und spielen Karten.

Dabei merken wir oft erst spät _achts, wie lange wir schon wieder gespielt haben. 5 P.

3 *Teste dein Strategiewissen. Kreuze für jede Aussage an, ob sie richtig oder falsch ist.*

		richtig	falsch
A	Das **ie** schreibt man am besten nach Gefühl.	☐	☐
B	Für die Schreibung des **ie** hilft das Schwingen als Grundstrategie.	☐	☐
C	Man schreibt **ie,** wenn die erste Silbe geschlossen ist.	☐	☐
D	Man schreibt **ie,** wenn die erste Silbe offen ist.	☐	☐
E	Bei Einsilbern kann man das **ie** hören.	☐	☐
F	Einsilber muss man verlängern, um die Regel zur **ie**-Schreibung anzuwenden.	☐	☐
G	Mehrsilbige Wörter, die man nicht zerlegen kann, schreibt man in der Regel nicht mit **ie.**	☐	☐

7 P.

4 *Finde die Fehler. Markiere sie mit den hilfreichen Strategiezeichen ◡◡, ↷ oder ⫯.*

Alein unter Schalker Jungs

VORSICHT FEHLER!

Es gibt sie also doch, die schwarzgelb-köniegsblaue Freuntschaft. Alexandra Popp, eines der grössten Talente des deutschen Frauenfussbals, trit jeden Tag aufs Neue den Beweiß dafür an. Die Defensievspielerin des FCR Duisburg baut ihr Abitur an der Gelsenkirchener Elieteschule für Fussball und trainiert als einziges Mädchen unter Schalker Jungs. Als wäre dieser Umstant nicht schon besonders genug, setzt die 18-Jährige, noch einen drauf: „Ich bin BVB-Fan."

Wer Alexandra Popp beim Turnier kenen lernt, bemerkt schnel: Die U-20-Nationalspilerin ist nicht nur technisch und athletisch gut ausgebildet, sie ist kek genuk, allein unter Männern ihre Frau zu stehen. „Anfangs haben die schon blöde gegukt, als ich quasi als No-go da ankamm. Aber als ich ein paar Tricks gezeigt habe, haben sie mich schnell akzeptiert", erinert sich Alexandra Popp. Keine dumen Sprüche? „Na ja, wie Jungs eben so sind, sie haben mir einen Beinschus gegeben, ich habe gelacht und alles war gut." 20 P.

Autoren- und Quellenverzeichnis

S. 4 f.: Schuller, Ricarda: Höher, schneller, weiter. Aus: Stuttgarter Zeitung, 01.07.2009; **S. 11:** Kitesurfen: Waghalsige Sprünge und Schnelligkeit. Aus: http://www.wasistwas.de/sport-kultur/alle-artikel/artikel/link//c30e816523/article/kitesurfen-waghalsige-spruenge-und-schnelligkeit.html [07.04. 2011]; **S. 14 f., 17 f., 19 f., 22:** Dhami, Narinder: Kick it like Beckham (Auszüge). Ravensburger Buchverlag, Ravensburg 2005, S. 7–10, 27–30, 83–87, 160–162; **S. 25:** Braun, Andreas/Kohla, Erwin: „Material 5: Stars wie Didier Drogba ...". Aus: Radiosendung auf SWR Con.tra, 11.06. 2010, 15:05 Uhr. http://www.swr.de/contra/-/id=7612/nid=7612/did=6481984/149n85g/index.html [07.04. 2011]; **S. 25:** Elliesen, Tillmann: „Material 6: 2001 hat der Weltfußballverband ...". Aus: Welt-Sichten. Magazin für globale Entwicklung und ökumenische Zusammenarbeit Nr. 6, 2010. http://www.welt-sichten.org/artikel/art-06-010/aus-afrika-ins-abseits.html [07.04.2011]; **S. 30:** Hochseilparcours – Viele Abgründe und trotzdem ein Weg. Aus: http://www.power-ruhrgebiet.de/index.php?site=einzelpersonen&selectedEvent=1 [07.04. 2011]; **S. 59, 60:** „Der Abenteurer", „Mehr über den Abenteurer Rüdiger Nehberg", „Seit 1935 entdeckt ...". Aus: Neue Westfälische Zeitung, 08.05. 2010. http://www.nw-news.de/magazin/potrait_artikel/3536468_Ruediger_Nehberg_Der_Draussenseiter.html [07.04. 2011]; **S. 63:** Allein unter Schalker Jungs. Aus: Neue Westfälische Zeitung Nr. 14, 18.01. 2010

Bildquellenverzeichnis

S. 4: © Sony Pictures/Cinetext; **S. 8:** picture-alliance/Augenklick/Pressefoto Baumann; **S. 11 links:** © Michael Stüning – Fotolia.com, **rechts:** © spotshot – Fotolia.com; **S. 14:** Cover von: Narinder Dhami, Kick it like Beckham © 2005 by Ravensburger Buchverlag Otto Maier GmbH, Ravensburg; **S. 15:** ullstein bild – united archives; **S. 17:** picture-alliance/KPA Honorar & Belege; **S. 24 oben:** beide picture-alliance/dpa, **unten links:** © Claudia Paulussen – Fotolia.com, unten rechts: © Poulsons Photography – Fotolia.com; **S. 25:** © Lionel Antoni/Foot Solidaire; **S. 30, 32:** © power-ruhrgebiet GmbH; **S. 31, 36, 38 (ganz links und links), 42, 59:** picture-alliance/dpa; **S. 38 rechts:** picture-alliance/Sven Simon; **S. 38 ganz rechts:** picture-alliance/Arco Images GmbH; **S. 63:** picture-alliance/dpa-Zentralbild

Impressum

Redaktion: lüra – Klemt & Mues GbR, Wuppertal

Illustrationen: Jutta Melsheimer, Berlin
Layout und technische Umsetzung: Anna-Maria Klages, Wuppertal

www.cornelsen.de

1. Auflage, 1. Druck 2011

Druck: Druckhaus Berlin-Mitte

ISBN: 978-3-06-060970-3

Inhalt gedruckt auf säurefreiem Papier aus nachhaltiger Forstwirtschaft.